Resgate emocional

Resgate emocional

Como trabalhar com suas emoções e transformar o sofrimento e a confusão em energia que te fortalece

Dzogchen Ponlop

Tradução de Eduardo Pinheiro de Souza

© 2016 Dzogchen Ponlop

Direitos desta edição:
© 2018 Editora Lúcida Letra

Título original: *Emotional Rescue* (publicado por Tarcher Perigee, um selo da Penguin Random House LLC)

Coordenação editorial:	Vítor Barreto
Preparação de texto:	Thaís Carvalho
Revisão:	Joice Costa, Rafaela Valença, Thaís Carvalho
Revisão técnica:	Fernando Oliveira e Victor Miranda
Projeto gráfico:	Vítor Barreto
Imagem da capa:	Agsandrew	Shutterstock

1ª edição 07/2018, 5ª tiragem 12/2023

Dados Internacionais de Catalogação na Publicação (CIP)

D999r Dzogchen Ponlop, Rinpoche, 1965-.
　　　　Resgate emocional : como trabalhar com suas emoções e transformar o sofrimento e a confusão em energia que te fortalece / Dzogchen Ponlop; tradução de Eduardo Pinheiro de Souza. – Teresópolis, RJ : Lúcida Letra, 2018.
　　　　176 p. : il. ; 23 cm.

Tradução de: Emotional rescue: how to work with your emotions to transform hurt and confusion into energy that empowers you.

ISBN 978-85-66864-48-9

1. Emoções. 2. Administração do stress. 3. Pensamento. 4. Equilíbrio. I. Souza, Eduardo Pinheiro de. II. Título.

CDU 159.942
CDD 152.4

Índice para catálogo sistemático:
1. Emoções   159.942

(Bibliotecária responsável: Sabrina Leal Araujo – CRB 10/1507)

Para Ava e Aya,
Seus arroubos de alegria e seus sorrisos amorosos
curam todas as emoções num instante.

Sumário

Agradecimentos 11

Introdução 13

Parte um: Trabalhando com as emoções

1. Familiarizando-se com as próprias emoções 20
O programa de resgate emocional em três passos 22
O que há em um nome? 23
As boas notícias 24
Capturando aquele momento crucial de "opa!" 25
Notas para um resgate "Faça você mesmo" 28

2. A chave é a presença mental 33
Resguardando sua tranquilidade 34
Três atitudes: negativa, positiva, imparcial 37
As três saídas: 1. Rejeitar 2. Reciclar 3. Reconhecer ... 39
Saída 1: Rejeitar 40
Saída 2: Reciclar 42
Saída 3: Reconhecer 44

3. Ajuda a caminho 48
O Plano de Resgate Emocional em Três Passos:
alternativas a ser o seu próprio arqui-inimigo 48
Atenção ao Vão 50
Atenção ao Vão: Sentir 51
Atenção ao Vão: Deter-se 52
Atenção ao Vão: Olhar 55

4. Obtendo uma visão panorâmica   59
    O que há na visão panorâmica?   60
    Encontrando o foco   61
    Criando o perfil emocional   62
    Emoções que gostam de se esconder   63
    Reconhecendo gatilhos e padrões   64
    Estável e livre   66

5. Respirando aliviado   68
    Desenvolvendo a motivação   69
    Soltar: Ver, ouvir, cheirar, provar, tocar   72
    Soltar: Relaxe o corpo   73
    Soltar: Relaxe a mente   74
    Soltar-se daquele que se solta   76

6. Pensamentos e emoções   78
    A mente diz: "rosa"   79
    Soltar os rótulos   81
    Gerações de confusão   83

7. Um presente inesperado   87
    Está tudo bem em ser você mesmo   88
    Sua vida desobstruída   89
    As vidas dos outros   91
    Vinte e quatro horas de bondade   92
    O poder do positivo   95
    A alegria precisa estar presente   96

Exercícios e dicas: Notas para aprofundar o treinamento

8. Atenção ao Vão: Olhar   101
    Presença mental na pia da cozinha   101
    Uma mudança na percepção   101

O fluxo de atividade	102
Lembretes diários	103
Apanhando e soltando	104
Instrução: Seguindo a respiração	105
Como começar	106
Apanhando os pensamentos	106

9. Visão Clara: Explorar — 108

Seus limites pessoais	108
Seus hábitos emocionais em relacionamentos	110
Compaixão na sua comunidade	111
Como você fala com as pessoas e as ouve	112
Exercício para duas pessoas	112
Ouvinte	113
Falante	113
Para os dois, falante e ouvinte	113
Ouvindo com o coração	115

10. Soltar: Relaxar — 118

Onde você está	118
Pense no antes	118
Pense no agora	118
Pense no depois	119
Conecte-se com os sentidos	119
Visão fresca	120
Som natural	121
Cheiro brilhante	122
Gosto puro	123
Tato límpido	123

11. Não tem nada a ver com ser perfeito — 126

Quem são seus exemplos pessoais?	126
Reveja os objetivos e intenções	127
Se você está se esforçando, está progredindo	128

Parte dois: Explorando mais profundamente as emoções – Uma abordagem budista clássica

12. O caminho do Buda — 132
- A sabedoria das emoções — 133

13. O guerreiro no campo de batalha — 136
- As emoções como inimigas — 136
- As emoções como amigas — 138
- As emoções como sabedoria iluminada — 139

14. O que é um budista? — 142
- Um workshop do Buda: Afiando a mente — 143
- Mais sobre meditação — 145
- Uma história de minha mãe — 146
- No final das contas — 147

15. A caixa de Pandora — 149
- Como Buda vê as emoções — 150

16. Restaurando o equilíbrio — 154

17. Lidando com pessoas difíceis — 161
- Trabalhando de fora para dentro — 162
- Antes de começar — 163
- Sofrimento intenso — 164
- Os muito, muito ruins — 165
- Paciência — 166
- Reduzindo a atitude defensiva — 168

18. Uma visão de paz — 172

Agradecimentos

Como sempre, tudo é interdependente. Portanto, este livro não surgiu apenas do meu trabalho. Antes de mais nada, presto reconhecimento a todos os objetos de minhas emoções. Graças a eles conquistei alguma sabedoria em relação às emoções. A sabedoria deste livro jamais teria iluminado minha mente confusa sem a bondade de meus professores, numerosos demais para serem nomeados, e excepcionalmente a de meu verdadeiro amigo espiritual, Khenpo Rinpoche. As oportunidades para compartilhar minha experiência da tradição de sabedoria do Oriente me foram concedidas por muitas organizações ocidentais, em particular por Nalandabodhi e pelos retiros do Tesouro do Conhecimento.

Esta partilha, em forma de carta e livro, se tornou possível graças à minha amada amiga e paciente editora Cindy Shelton, e com a ajuda consistente e excelente de muitos dos membros em nossa comunidade, principalmente Ceci Miller. Presto meu reconhecimento profundo à ajuda e às contribuições de todos que trabalharam para a materialização deste livro, que, espero, será benéfico a muitos seres.

Finalmente, gostaria de agradecer a meu agente, William Clark, por sua excelente representação, e também a Sara Carder, diretora editorial na Tarcher/Penguin Random House, por sua ajuda em levar este livro à publicação.

Introdução

Era um belo dia de outono e eu havia acabado de sair de minha aula de filosofia. A caminho de casa minha cabeça estava cheia de teorias sustentadas por silogismos sobre como os "pares de dor e prazer" são criados pela mente e são apenas suas projeções... todo esse blá-blá-blá. Para minha surpresa, quando entrei em meu quarto, lá estava meu tio, uma pessoa com quem eu tinha uma história de dificuldades, aguardando sentado para me dar a notícia de que meu pai havia falecido durante uma viagem de negócios ao Butão. Exatamente há um ano eu perdera o professor que fora a pessoa mais importante em minha vida. Repentinamente todas as teorias de aparências sólidas e belas e os silogismos sobre não dualidade simplesmente desapareceram! Não havia pensamentos nem sabedoria, apenas choque. Vagarosamente, mas de maneira incontestável, uma sensação de dor se alastrava fundo dentro de meu corpo e de minha mente. Aquilo não chegava nem perto da minha compreensão filosófica da dor – ou mesmo da sua não existência. Foi esse sofrimento, acompanhado por sentimentos tão vívidos, que me colocou na exploração de minhas próprias emoções pelo resto da vida.

Meu pai nasceu numa família de Litang, na região de Kham do Tibete oriental, que é muitas vezes comparada ao velho oeste ou a uma terra de ninguém. As pessoas de Kham, conhecidas como *khampas*, orgulham-se de sua cultura guerreira e os tibetanos costumam dizer: "não se meta com os khampas". Apesar de meu pai ter sido criado na parte mais central/ocidental do Tibete, meus avós o educaram como um garoto khampa. Desde muito cedo, ele mostrou sinais de participar dessa cultura guerreira – sempre destemido e corajoso, ainda que dotado de bondade. Meu pai acabou se tornando secretário geral, cargo administrativo de mais alta hierarquia para Sua Santidade o XVI Karmapa, reverenciado líder de uma instituição espiritual com então oitocentos anos de idade. Por ser um khampa e amar a arte da guerra, meu pai colecionava espadas e armas, e apreciava de verdade as histórias de guerreiros corajosos – cresci ouvindo estas histórias desde garotinho. Por conta da natureza delicada e influente de seu trabalho como secretário geral, eram de meu conhecimento as várias ameaças de morte sérias que havia recebido. Por isso, meu pai tinha motivos razoáveis para obter as licenças necessárias ao porte das armas. No entanto, eu via em seu arsenal, em primeiro lugar, o valor sentimental dos símbolos de sua cultura guerreira, oriunda de sua infância e de sua linhagem familiar. Como é típico entre pais e filhos, sempre nos divertíamos muito quando ele me levava para praticar tiro ao alvo nas montanhas.

O estranho é que, logo antes de meu pai partir para sua viagem ao Butão, limpamos suas armas juntos. Ele me lembrou como desmontá-las e montá-las. Foi uma tarde muito bonita. Logo antes de partir, não sei por que, ele me deu todo o seu arsenal e disse: "Agora isto é sua responsabilidade. Se você for um bom filho, cuidará bem disto" E eu disse: "Claro, sem dúvida". Mais tarde houve especulações a respeito de sua morte – se havia sido natural ou produto de alguma conspiração devido à sua posição em uma organização espiritual internacional. E lá estava eu, aos dezessete anos, filho devotado e desamparado com tantos pensamentos, emoções e armas. E, como se diz, as desgraças nunca vêm sozinhas: logo depois disso minha mãe ficou doente e permaneceu acamada por cerca de um ano. Enquanto meus irmãos e eu cuidávamos dela, eu também precisava resolver os negócios de meu pai. A presença e a ajuda de meu irmão durante essa época deixaram tudo mais fácil. Porém, num determinado ponto, percebi que estava numa encruzilhada, sendo arrastado para todas as direções por minhas emoções descontroladas.

Embora eu apreciasse muito o tempo que dedicava à escola, estudando e praticando com meus colegas, ao mesmo tempo eu era soterrado pelos muitos deveres ligados aos cuidados com minha família. Invejava os colegas sem responsabilidades extras, nada mais a fazer senão se engajarem totalmente em sua própria educação. A agenda e o currículo eram desafiadores e estimulantes. Nossa primeira sessão começava às quatro da manhã e as aulas seguiam até a noite, com apenas alguns intervalos esparsos. Os professores eram da melhor qualidade e muito exigentes. Continuei minha jornada diligentemente, mas perdi de vista meus objetivos. Devido ao estresse produzido apenas por seguir com minha vida, quase larguei a escola e abandonei minhas buscas espirituais. Todos estes esforços na verdade se resumiam a uma única busca: conhecer algo que aliviasse o sentimento de descontentamento que me mantinha acordado madrugada adentro, estudando e me preocupando.

Nessa época vim a conhecer o professor budista que mais tarde viria a se tornar a pessoa mais influente em minha vida e um verdadeiro amigo espiritual. Sua presença e instrução me ajudaram a lidar com minhas emoções e meus pensamentos acelerados. O impacto dessa amizade foi imediato. Sob sua orientação, descobri como fazer as escolhas certas. Desenvolvi coragem suficiente para seguir o caminho da compaixão e abandonar o destino de um guerreiro vingativo. De algum modo consegui me graduar como o melhor aluno da turma, uma grande surpresa para mim até hoje. No final das contas vim a entender que estas coisas – emoções, pensamentos, vida e espiritualidade – aconteciam apenas em minha mente pequena. Quando percebi o enorme papel das emoções no drama dessa vida, comecei a me aprofundar nos estudos da mente, de modo a descobrir o máximo sobre essas energias.

Percebi que independentemente do método escolhido para lidar com minhas emoções, precisaria de algo que funcionasse no contexto de minha vida inteira – isto é, abordagens que realmente fizessem diferença. Eu precisaria ser capaz de me ver claramente e sentir as emoções que me tocavam e coloriam meu mundo todos os dias. Era preciso reconhecer que quando estamos presentes em nossa vida, temos a oportunidade de descobrir quem somos em meio a todas as confusões e sofrimentos, e quem somos *além* da confusão e da dor. A alternativa seria evitar o contato direto com a experiência, ir para um mundo isolado que não produz tranquilidade e tampouco inspira. Enquanto seres humanos, queremos tanto inspiração quanto alívio – ansiamos pelo que é real, por aventura e sentido, mas também queremos conforto. Queremos encontrar o nosso cantinho na praia e tomar uma cerveja.

Os conteúdos deste livro estão enraizados em minha experiência do caminho budista. O objetivo é apresentar certos métodos para trabalhar com as emoções de forma que, gradualmente, passo a passo, possamos deixar de ser vítimas de tais energias profundas, tornando-nos seus colaboradores criativos. Embora estes métodos não sejam encontrados nos sutras budistas – os discursos do Buda que formam o corpo de seus ensinamentos –, acredito que o Buda reconheceria neles as suas instruções (ele é um mestre muito generoso com sua propriedade intelectual).

Resgate Emocional representa anos de estudo e ensinamentos que recebi e concedi, bem como o que aprendi de meus alunos e de outras pessoas, gente das tantas fés e culturas que coabitam neste mundo. Estas pessoas exibem qualidades de bondade, inteligência e compaixão, e ainda assim sofrem e lutam com suas dores. Infelizmente, não há uma solução geral para este sofrimento. Cada um de nós é único, uma criatura única, e vivemos em ambientes extremamente diversos. Ainda assim, todos temos em nosso interior o poder de dar os passos para superar a dor e o sofrimento emocional e, neste processo, descobrirmos quem realmente somos. Não interessa quem você é ou em que pé está começando: você merece a felicidade genuína que vem dessa descoberta.

Nasci budista, e em certo sentido, nunca fui outra coisa. Minha família é budista há muitas gerações. Vivi em países budistas (a Índia e o Butão) e tive o grande privilégio de encontrar e aprender com muitos dos grandes mestres budistas históricos. Por outro lado, como qualquer um, eu também tive que me tornar budista, descobrindo o sentido e o objetivo reais deste caminho espiritual. Porém quanto mais nos aproximamos desse sentido ou objetivo, menos os rótulos – sejam budistas ou quaisquer outros – parecem servir ou ser necessários. Posso me dizer um sobrevivente afortunado do drama emocional, resgatado por essa sabedoria das emoções, mas a verdade é que ainda estou descobrindo meu caminho nesta alegre jornada de sabedoria, com uma ajudinha de meu amigo.

*Dzogchen Ponlop Rinpoche**
Seattle, Washington

---

* Dzogchen Ponlop Rinpoche foi reconhecido ao nascer por Sua Santidade o XVI Gyalwang Karmapa como o sétimo na linhagem de encarnações de Dzogchen Ponlop. Assim, o título honorífico de *Rinpoche*, ou "professor e detentor da linhagem", lhe foi concedido.

Parte um:
Trabalhando com as emoções

1
Familiarizando-se com as próprias emoções

Seja você mesmo. Os outros já têm quem ser.
— Oscar Wilde

Como seria a vida sem as nossas emoções? Meio chata? Como refrigerante sem gás? Sem o barulhinho e as bolhas não teríamos grande interesse em sorver a vida. As emoções trazem energia, cor e variedade, mas também nos fazem perder muito tempo confundidos por elas. Podem nos transportar para estados de pico cheios de êxtase e nos arrastar às profundezas da ilusão e do desespero – com todas as gradações intermediárias.

Levadas pelas emoções, as pessoas casam-se umas com as outras ou assassinam umas às outras (e, infelizmente, às vezes matam a mesma pessoa com quem se casaram!). Todos os dias entramos na fila dessa montanha-russa emocional, que num momento nos deixa animados e no outro nos revira de cabeça para baixo. O que são estes sentimentos imprevisíveis e por que parecem estar no controle ao invés de nos deixarem controlá-los?

A resposta vai variar conforme o sujeito a quem perguntamos. Ela será diferente se partir de um cientista, um terapeuta, um sacerdote, um artista ou dos beneficiários comuns de nosso amor ou aversão – nossa família e amigos/inimigos. Um provérbio asiático diz que as emoções são "remédio se tomadas com conhecimento; veneno se mal utilizadas". Caso aprendamos a lidar habilidosamente com nossos sentimentos, eles serão como remédio, portadores de grande sabedoria; mas caso não possuamos essa compreensão, acabaremos envenenados, em grande sofrimento e cheios de danos. Enquanto estamos enfeitiçados por nossas emoções, é como se estivéssemos doentes. Não conseguimos por mera força de vontade evitar mal-estares, dores e febre. É preciso que deixemos a doença seguir seu curso ou intervir com algum tipo de tratamento.

Caso entendamos nossa enfermidade, podemos tomar os passos para alcançarmos a cura e terminarmos com o sofrimento. Porém, se não soubermos o que estamos fazendo, se tomarmos o remédio errado, acabaremos ainda mais doentes. Da mesma forma, quando entendemos nossas emoções e o que as energiza podemos trabalhar com sua potência intensa e começar a curar o sofrimento.

Para realmente conseguir ajuda para lidar com as emoções precisamos ir além de uma mera compreensão intelectual. Não é suficiente saber quantos tipos de emoções existem. Quando vamos além do que achamos que sabemos e olhamos diretamente para nossa experiência pessoal com a raiva, a paixão ou o ciúme, o que descobrimos? Não se trata apenas de reconhecermos os tipos de pensamento que estamos tendo. Diz mais respeito a descobrir as emoções em sua essência. Reconhecermos que a raiva nos faz querer revidar ou que o desejo nos faz querer agradar é só o início. Conhecer de fato as emoções é desafiador, mas também é uma fonte de inspiração. Quando reconhecemos que estamos sendo continuamente surrados por nossos sentimentos, podemos desenvolver a determinação necessária para aprender como nos resgatarmos.

Antes de alcançarmos a compreensão real ou sabedoria sobre nossas emoções, precisamos primeiro ter uma ideia clara sobre o que elas são e como funcionam. O poder das emoções vem de uma fonte simples, ainda que profunda: nossa falta de autoconhecimento. É por isso que, quando nos conscientizamos mais da experiência do sentir, algo realmente fantástico acontece: os sentimentos perdem o poder de nos fazer sofrer. Portanto, é vital reconhecer como as emoções operam em sua vida e o quanto a sua influência pode ser devastadora quando estão no controle. Com esse conhecimento começamos a ser novamente independentes. Começamos a reconhecer rotas alternativas para todos os velhos padrões de medo, dúvida, raiva, orgulho, paixão e ciúme, que nos roubam tanta felicidade. Obtemos novamente poder para navegar nossa vida com autonomia.

Ainda assim, nossas emoções estão aí há muito tempo, são como velhas amigas. Se não aparecerem, sentiremos falta de seus rostos tão familiares. Mas também sabemos como elas podem nos enganar, vez após vez, com suas promessas: *Ouça aqui, desta vez será diferente! Desta vez explodir de raiva certamente é seu direito! Você se sentirá tão melhor! Desta vez isto vai preencher de verdade o seu vazio interior.*

O programa de resgate emocional em três passos

Quando atormentados pelas emoções, o que fazemos? Provavelmente buscamos uma saída. Porém não conseguimos ver as emoções da mesma forma que identificamos fumaça ou fogo, e então onde você as procura? Não é possível decidir com precisão. *Minha raiva está batendo à porta, então vou fugir pelos fundos.* Caso nossa reação venha do pânico, sem reflexão, podemos acabar escapando da frigideira, mas caindo no fogo. Não dá para saber o que vamos encontrar no quintal. Em vez de deixarmos nosso bem-estar ser decidido pelo acaso, uma ideia melhor é ter um plano de resgate emocional para os momentos em que nos depararmos com uma situação emocional incerta, quando estivermos em busca de ajuda.

O programa de resgate emocional em três passos apresentado neste livro pode ajudar no aprendizado das habilidades necessárias para abandonar velhos hábitos em favor de formas novas e mais alegres de se expressar. Os três passos são: Atenção ao Vão, Visão Clara e Soltar. São métodos progressivos – cada um surge do anterior – que aos poucos nos fortalecem para o trabalho com as emoções mais difíceis, inclusive para transformá-las.

Em resumo, a *Atenção ao Vão* é a prática de criar uma distância segura entre você e suas emoções, o que abrirá um espaço psicológico para o trabalho com a energia delas. *Visão Clara* é a prática de olhar tanto para as emoções quanto para a paisagem circundante. Tentamos ampliar nossa visão panorâmica até incluirmos a identificação de nossos padrões de comportamento. *Soltar* é a prática de liberar a energia do estresse, seja ela física ou emocional, com exercícios físicos, relaxamento e principalmente através da consciência plena.

A cada passo do aprendizado nos familiarizamos mais com o funcionamento das emoções. Começamos a ver além das camadas externas e densas que mascaram nossa verdadeira natureza. Num dado ponto, reconhecemos diretamente o coração da raiva, da paixão, da inveja e do orgulho. Até mesmo a ignorância e o medo se tornam transparentes.

Tomados em conjunto, o domínio dos três passos pode produzir uma profunda cura emocional. Cada um dos passos pode ser um ponto de transformação em que o relacionamento com as próprias emoções se transforma e evolui. Em vez de simplesmente passarmos dificuldades com emoções, é possível o desenvolvimento de uma parceria criativa com elas. Com tempo e prática, a ansiedade e a dúvida dão lugar à certeza e à confiança. Aos poucos, descobrimos que as emoções são a porta para a própria liberdade que buscamos – são elas que abrem o caminho, em vez de criarem obstáculos.

De certa forma, este livro não vai ensinar nada totalmente estranho à experiência que já temos. Já possuímos dentro de nós a maior parte do conhecimento necessário para nos libertar das formas habituais de reagir às emoções. Estes hábitos são, afinal de contas, nossos. Quem estaria mais familiarizado com eles do que nós mesmos? Porém é útil aprender formas novas de utilizar esse conhecimento – o próprio bom senso, bem como o discernimento que cada um de nós já possui – para ver o que nos está impedindo e o que pode nos mover em direção à liberdade.

O que há em um nome?

Antes de entrar em detalhes quanto ao Plano de Resgate Emocional em Três Passos (para abreviar, vamos chamá-lo de Plano RE de agora em diante), seria útil examinarmos a definição de "emoção". O que dizem os dicionários? Uma vez que tivermos essa definição básica, podemos analisar o que chamamos de "emoção" do ponto de vista do Plano RE, o que acrescenta outra dimensão de entendimento. Se a definição de dicionário dissesse tudo, talvez fosse possível aprender ali todo o necessário para controlar e minimizar a dor causada pelas emoções, mas o fato é que ainda é necessário procurar em outros locais além do dicionário para obter um lampejo da experiência transcendente.

A definição básica do *Oxford English Dictionary* ao FreeDictionary.com, nos diz que uma emoção é um estado mental intensificado que vivenciamos como agitado, perturbado ou ansioso, e que surge em conjunto com sintomas físicos igualmente aflitivos – batimentos cardíacos e respiração acelerados, talvez choro ou tremores. Até mesmo a origem do termo "emoção" (do francês antigo e do latim) significa excitar, movimentar, mexer. Esses estados de sensação são geralmente descritos como estando além de nosso controle consciente ou do poder da razão.

E quanto às emoções que causam sentimentos de felicidade? O amor e a alegria também não seriam emoções? Sim. Mas estados mentais como amor, alegria e compaixão não estragam nosso dia. Devido a eles, nos sentimos melhores, mais serenos e com mais clareza. Portanto, tais estados não são considerados da mesma forma. Quando se diz que alguém está "emotivo", geralmente é para dizer que essa pessoa não está se sentindo muito bem. Quando o Plano de Resgate Emocional em Três Passos propõe o "trabalho com as próprias emoções", pretende destrinchar e soltar essa bagagem pesada de dor e confusão

As boas notícias

O Programa de Resgate Emocional em Três Passos vê as emoções por duas perspectivas. No sentido comum, é claro que há emoções "boas" e "ruins" – aquelas que trazem felicidade e as que trazem desespero e dor. Num sentido mais profundo, porém, todas as emoções (sejam elas vistas como boas ou ruins) têm uma essência única. Não importa como elas se pareçam na superfície ou como as julguemos: em seu núcleo, todo sentimento é basicamente positivo. São boas notícias! Estamos fundamentalmente bem, mesmo quando duvidamos de nós mesmos e passamos dificuldades com sentimentos desordenados e complicados.

Em essência, as energias emocionais são uma fonte infinita de poder criativo e inteligência que está "ligada" o tempo todo – como a corrente elétrica que usamos para tantas coisas. Quando finalmente penetramos o núcleo das emoções, é essa fonte de energia que encontramos. Antes de uma emoção escalar até a fervura ou de conseguirmos nos acalmar, há uma energia básica que produz aquele surgimento. Essa energia corre por todas as emoções, sejam elas boas, ruins ou neutras. É simplesmente um impulso estimulado por algo no ambiente – como um surto de voltagem nos fios que conduzem eletricidade para nossas casas. Caso trate-se de um aumento pequeno, talvez não seja perceptível, mas se for uma descarga forte, pode dar um choque bem intenso. É por isso que temos protetores elétricos em nossos equipamentos mais sensíveis. Mas infelizmente não temos protetores semelhantes para modular os nossos ataques de raiva.

O que mexeu com você pode ser algo interno, como uma memória causada por uma canção familiar, ou algo externo, como o seu parceiro contando a mesma piada boba que você não atura mais. Traga à memória a última vez que você ficou bem chateado. Logo antes de ferver e os pensamentos raivosos tomarem conta, houve um intervalo. A conversa mental comum na mente parou por um instante – houve um momento quieto, sem pensamentos. Esse hiato não era só um espaço vazio, mas o primeiro impulso da emoção que ainda viria a ser: a energia criativa de sua inteligência natural.

Você pode estar pensando: "Gosto de como tudo isso soa no papel, mas não diz respeito a mim. Não sou um tipo criativo". No entanto, estamos criando o tempo todo. Criamos o mundo ao nosso redor. Fazemos escolhas, construímos relacionamentos, arranjamos os espaços que habitamos. Sonhamos com objetivos, trabalhos, formas de diversão e, de maneira geral, visualizamos o mundo ideal. Com uma ajudinha do poder da eletricidade, podemos fazer a noite virar dia. Podemos transformar um apartamento frio num lar aconchegante. Da mesma forma, as emoções podem fazer o mundo mais brilhante, podem aquecê-lo e podem nos despertar para a sua energia vital e brincalhona. Quando nos sentimos perdidos, os sentimentos podem nos prover com um senso de propósito e inspiração para a vida.

Capturando aquele momento crucial de "opa!"

As emoções não precisam ser um problema. Qualquer emoção pode levar a um sentido de energia positiva ou ao seu oposto: uma dose de melancolia e ruína. Só depende de como trabalhamos os nossos sentimentos, de como respondemos ao surto de energia. O resultado pode ser um ou outro. E você pode perguntar: "Se no primeiro lampejo de minha emoção ela é apenas energia criativa básica, o que acontece para as coisas darem errado?" Na verdade, acontece bastante coisa se você não estiver prestando atenção.

Imagine que você está caminhando com o seu parceiro num dia bonito. Os dois estão apenas passeando e repentinamente você tropeça em uma pedra e perde o equilíbrio. Acontece tão rápido que a mente chega a ficar em branco por um segundo. Mas logo os pensamentos voltam correndo. *Que m...! Quem deixou isso aqui? Eu podia ter me machucado pra valer!*

Nesse momento você tem uma escolha. Você pode rir, pode ficar furioso e procurar alguém para culpar (o Departamento de Parques, a Prefeitura, a própria pedra ou até seu parceiro, que nem percebeu seu tropeço e seguiu caminhando) ou você pode se abaixar para remover este obstáculo do caminho, de forma que a próxima pessoa não tropece. É possível que você faça todas essas coisas, uma atrás da outra. Não é exatamente um processo cuidadoso e bem considerado.

Quando percebemos que estamos ficando chateados, geralmente buscamos um motivo externo. Apontamos o dedo para nosso parceiro, o vizinho ou para o motorista do carro que nos fechou. Porém cada vez que o fazemos aprofundamos e reforçamos o nosso hábito de culpar os outros. Caso você tenda a ficar bravo com o cônjuge quando não há entendimento mútuo, a cada discordância se tornará mais fácil começar o padrão combativo de sempre. Vocês podem estar comemorando uma noite especial no restaurante favorito e tudo acabará em uma grande briga. Mas não é necessário que seja assim.

Antes de arruinar o jantar de aniversário de casamento ou de colocar em perigo uma amizade, é possível aprender a reconhecer o momento exato em que você tropeçou mentalmente e perdeu o equilíbrio. Há um momento em que se está surpreso e sem palavras – um momento de "opa!". Por um segundo, não há pensamento, não há conceitos para explicar a experiência. Mas, ainda assim, o comichão está ali: o gás no refrigerante, o surto de força nos fios elétricos. Estamos despertos e alertas, ainda não nos distraímos com a conversa interna da mente com relação ao que está acontecendo. Repare nesse momento de "opa" e então observe como, ali mesmo, todas as ações habituais começam.

Quando nos entregamos à raiva, cada pensamento odioso e cruel adicional dá outro impulso à energia raivosa e produz pensamentos ainda mais negativos, por meio dos quais colocamos a culpa nos outros. Quase instantaneamente montamos uma história que soa verdadeira, tão legítima quanto o noticiário na TV. "Algo aconteceu comigo e desculpe-me se estou um pouco irritado com a situação". Caso permitamos que os pensamentos corram dessa forma, a mente vai começar a girar. Não estamos mais tão certos quanto ao que exatamente estamos fazendo. Perdemos contato com o que aconteceu originalmente, e começamos a reagir às nossas próprias reações. Não conseguimos resolver ou entender uma questão que está tão dissociada do momento presente. É como tentar decifrar uma mensagem que foi passada de amigo a amigo antes de finalmente ser entregue a você por um terceiro. O sentido está claro? Alguma coisa foi adicionada ou retirada?

Quando estamos irritados dessa forma, preocupados com designar a culpa sobre uns e absolver outros (principalmente a nós mesmos), falhamos em reconhecer como funciona o processo. Porém caso consigamos apanhar este esquema em andamento antes que se desenvolva demais, podemos dirigir a mente para uma direção positiva. Então, mesmo que ainda sejamos levados por tudo que está acontecendo, pelo menos os pensamentos serão mais construtivos e otimistas. Caso não percebamos nada do que está acontecendo, acabamos nos colocando na posição de vítimas, pensando: "Porque isso sempre se repete?"

Podemos optar pelo compromisso de permanecermos despertos e conectados com a vida ou podemos apenas fechar os olhos e esperar o melhor. Gostemos disso ou não, a escolha é nossa. De toda forma, os pensamentos e as emoções seguirão surgindo. Quando não se está prestando atenção, eles costumam fazer bagunça. Caso demoremos a perceber, descobriremos os sentimentos tomando conta de nossa vida e roubando nossa preciosa sanidade. Na medida em que conhecemos melhor nossas emoções, percebemos que elas não são estados mentais fixos, unidimensionais, que persistem por várias horas, dias ou anos. Elas surgem e desaparecem exatamente como a respiração, que dura apenas uns segundos. Com alguma prática, podemos realmente observar enquanto isso acontece.

Digamos que um dia venha à mente um namorado ou namorada do passado. Começamos a pensar que ele ou ela era realmente a pessoa certa para nós, mas que agora se foi para sempre. Foi embora e levou nossa coleção de gibis. Que triste! Não importa o que se faça, nada nos alegra. Ouvimos música, assistimos à TV, mas seguimos tristes. E isso continua por horas. Finalmente decidimos sair para dar uma caminhada. Vamos até a cafeteria mais próxima e no caminho percebemos como as cores estão vívidas: as flores da primavera estão desabrochando por toda vizinhança. Sentimos o calor do sol nas costas. Alguém acena para nós, enquanto uma gostosa brisa suave sopra no ar. Quando chegamos à cafeteria, já estamos sorrindo. O mundo está diferente.

E é assim que funciona. Acreditamos que estamos congelados em estados mentais dolorosos, sem escapatória. Pelo menos é assim que nos parece, não importa a lógica, ou o que a própria experiência nos diz. Pensamos: *Nunca mais vou me sentir bem. Essa mágoa* (ou ciúmes, dor de cotovelo, ressentimento, o que quer que seja) *nunca passará.* Mas do outro lado da tristeza estão a felicidade e a diversão. Do outro lado da raiva estão a paz e a gentileza. Cada emoção tem seu lado oposto: quando se está olhando para um lado, o outro também está presente, mesmo que não o consigamos ver. Seja qual for o lado que as emoções estão mostrando – seja ele feliz ou triste – o outro lado, que é o oposto, está sempre ali presente também.

A tristeza e a alegria, a raiva e a tranquilidade, todas essas emoções se desenvolvem a partir do mesmo fluxo de energia criativa. Essa energia jamais permanece presa ou congelada. É claro que ela pode estancar e isso é doloroso, mas num certo ponto alguma coisa sempre cede. Num minuto você está tão mal que não consegue nem apreciar a sua canção favorita e, algumas horas mais tarde, já estará apreciando o cheiro do café fresco e pensando: "Ah, sim. Estou bem. A vida é boa."

Notas para um resgate "Faça você mesmo"

Caso não tenhamos um plano efetivo para lidar com as emoções, vai ser difícil saber como se livrar da dor causada por elas. Algumas vezes é possível que consigamos parar a raiva antes de ela explodir, com pura força de vontade ou por medo das consequências (perder o trabalho ou o casamento). Porém quantas vezes conseguimos nos manter calmos antes de dormir, apenas para nos descobrirmos com a mesma irritação no dia seguinte? Nessas situações é necessário se acalmar novamente.

A chave para o resgate emocional é o conhecimento. Decidimos aprender tudo que pudermos sobre essas energias que podem ser tão duras conosco quanto o *bully*, o brigão da vizinhança. Com algum treinamento, podemos aprender a olhar mais claramente para emoções como a raiva, o ciúme ou a paixão e reconhecer os passos necessários para lidar com elas e transformá-las gradualmente. Não só conseguimos nos resgatar do controle que elas têm sobre nós, mas é possível que um dia sejamos capazes de apreciá-las, desfrutando de sua energia pura e vital. Este livro é para isso.

À medida que nos preparamos para trabalhar com as energias poderosas das emoções e nos aprontamos para nos libertarmos de velhos hábitos destrutivos, precisamos de um forte senso de decisão para nos mantermos nessa empreitada. É um processo que demanda um trabalho diário com a mente e disposição para lidar com o desconforto de tempos em tempos. Nos momentos em que não nos sentimos particularmente pacientes ou bondosos, esse senso de decisão pode nos ajudar e nos manter nos trilhos. Depois de algum tempo de prática até mesmo nossos "erros" começam a nos ajudar a lembrar da energia simples e clara das emoções – e o mero fato de lembrarmos instantaneamente nos coloca naquele estado de consciência plena.

Agora olhe com frescor para as emoções como elas de fato são. Considere sua atitude perante elas. Como você se sente com relação aos seus sentimentos? Você os ama ou odeia? Como trata sua raiva? Sua tristeza? Seu desejo? Uma vez que consiga isso, terá uma melhor compreensão de como trabalhar com eles. E então você pode usar o Plano de Resgate Emocional em

Três Passos descrito nesse livro para lidar com as emoções no momento em que aparecem.

> **PRIMEIRO PERGUNTE A SI MESMO...**
>
> *O que quero com isto?*
>
> Antes de começar a trabalhar com qualquer projeto de longo prazo que vai demandar, em certos momentos, trabalho árduo e que pode ser entediante, você provavelmente deve se perguntar: *Por que quero fazer isso?* e *O quanto estou comprometido com este processo?* Para ter sucesso, é preciso ter clareza quanto a essas respostas. É preciso tomar uma decisão firme.
>
> Caso os seus motivos para aprender e praticar o Plano de Resgate Emocional não sejam claros, a motivação não estará presente na próxima situação difícil que você enfrentar. Você não se manterá fiel ao Plano e, mais uma vez, levará uma rasteira das emoções. É preciso ter um verdadeiro senso de propósito para seguir. Caso estejamos atentos às emoções apenas ocasionalmente, como será possível experimentar o tão esperado resgate emocional? Num dado ponto, acabaremos nos perguntando por que esta estratégia não funciona, por que não estamos nos sentindo melhor e se não seria prudente largar esse método e tentar outra coisa.
>
> Os exercícios ao fim desta sessão visam a esclarecer a sua motivação. *Por que decidimos fazer essa prática com a mente?* Eles também servem para nos ajudar a manter uma conexão pessoal com os três passos que nos possibilitam atingir nossos objetivos: Atenção ao Vão, Visão Clara e Soltar.
>
> Antes de começar, por favor, leia as orientações para a prática da escrita com presença mental*. Esta abordagem com relação à escrita o ajudará a refletir sobre, e a responder melhor cada uma das perguntas do exercício seguinte.

---

* N. do T.: "Presença mental" está aqui traduzindo o termo *mindfulness*, já um tanto corrente em português. Esse termo algumas vezes é traduzido como "atenção plena", não havendo uma solução realmente adequada em português. Mais adiante o autor explicará em detalhes o sentido que dá a essa terminologia.

ESCRITA COM PRESENÇA MENTAL

Escrever pode ser um elemento-chave para o sucesso no trabalho com as emoções. Muitos dos exercícios a seguir sugerem, como uma de suas opções, alguma forma de reflexão escrita. É uma boa ideia manter um diário (de papel ou digital) onde se possa guardar os textos à medida que você prosseguir. Da mesma forma que a prática da Atenção ao Vão, escrever com presença mental pode nos ajudar, especialmente quando estivermos nos deparando com emoções fortes ou com situações externas difíceis. Quando escrevemos com presença mental, o pensamento diminui de velocidade. Quando nos focamos no ato físico de escrever ou digitar, a ação dos dedos produzindo um fluxo de palavras, não é possível passar de certa velocidade. Escrever com presença mental também torna mais vagaroso o ímpeto de nossa energia mental e nos dá um pouco mais de tempo e espaço para reconhecer o que está acontecendo. Dessa forma, o ato de escrever pode ser uma espécie de prática de Atenção ao Vão.

Para começar

Orientações gerais para os exercícios escritos

• Um tempo predeterminado é sugerido para cada exercício descrito nesse livro. O quanto você escreve não importa tanto, mas marque o tempo antes de começar.

• Enquanto escreve, preste atenção à sensação física de suas mãos na caneta e no papel (ou no teclado) e em como você sente os movimentos físicos enquanto as palavras aparecem na página ou na tela.

• Preste atenção aos pensamentos e emoções à medida que aparecem e se tornam palavras escritas à sua frente. Não pare para pensar; siga escrevendo mesmo quando não souber o que dizer em seguida.

• Caso fique indeciso, escreva algo como "não sei o que dizer". Pode ser que você acabe escrevendo isso várias vezes. Também é uma ideia anotar as sensações físicas que percebe: o pescoço está tenso? Você está com fome ou cansado? Outra opção é simplesmente reescrever a questão que lhe foi colocada.

• Depois de um período escrevendo, dê uma pausa e descanse a mente.

• Leia novamente o que escreveu em algum momento futuro ou até mesmo imediatamente após escrever.

• Sugestão: mantenha os escritos num diário ou caderno (por pelo menos um ano).

Quando se pratica a escrita dessa forma, o crítico interno que normalmente nos repreende e que busca a "perfeição" não terá a oportunidade de nos dominar. Enquanto estiver escrevendo, simplesmente aceite o que quer que surja sem julgamento, com atenção clara, e se permita escrever sem edições.

Verifique como essa abordagem afeta sua experiência de reflexão sobre as questões nos exercícios encontrados ao longo do livro. Você pode usar os mesmos princípios de atenção cuidadosa com qualquer tipo de resposta que dê aos exercícios, inclusive os que envolvem atividades físicas ou verbais, sejam eles realizados solitariamente ou em grupo. Caso você se decida por manter um diário, não é necessário se limitar à escrita. Também é possível utilizá-lo para guardar desenhos, fotos ou outras observações sobre suas experiências.

O QUE QUERO COM ISTO?

Contemple brevemente as seguintes questões e escolha uma delas para escrever a respeito por cinco ou dez minutos:

• O que mais quero mudar na minha vida emocional?

• Por que essa mudança é tão importante e o que aconteceu para torná-la tão urgente?

• O que espero do aprendizado das técnicas de Atenção ao Vão, Visão Clara e Soltar? O que gostaria de ver acontecer?

• Se eu pudesse formular um desejo para mim, o que seria? (Só estamos formulando hipóteses aqui... Qual é o seu verdadeiro desejo?)

Seja tão específico quanto puder ao responder. Respostas gerais como "quero ser feliz" ou "quero ser uma pessoa melhor" vão precisar de uma exploração mais profunda. Você pode começar com uma abordagem geral e então adicionar detalhes à medida que lhe ocorrerem. Você também pode começar consigo mesmo e com seus objetivos pessoais antes de pensar em como melhorar a vida dos outros (falaremos disso também, em breve).

2
A chave é a presença mental

Mudando suas atitudes mentais, os seres humanos podem mudar suas vidas.
— William James

Caso você já tenha sentado em um avião em preparação para a decolagem, com certeza reparou nos comissários de bordo apontando para as saídas de emergência. Quando as luzes apagam na cabine, os sinais de saída permanecem acesos. Há também luzes marcando os corredores. Há um plano bem definido para que, no caso de algum problema, todos sejam capazes de encontrar a rota de escape mais próxima com rapidez e segurança.

Da mesma forma, quando temos um plano bem estabelecido e em prontidão para lidar com as emoções perturbadoras, não há por que entrar em pânico. Sabemos encontrar a saída para uma situação dolorosa. Quando não temos um plano, uma direção clara, qualquer momento de paixão incandescente pode nos fazer querer se sobressaltar, sair correndo e agir sem pensar. E isso pode facilmente levar a mais problemas ainda.

O Plano de Resgate Emocional em Três Passos foi elaborado para nos ajudar a sobreviver a emergências emocionais. Também nos ajuda a lidar com machucados menores do cotidiano, à medida que esbarramos em outras pessoas que, exatamente como você, estão tentando evitar a dor e sobreviver. Conforme trabalhamos com o plano e o testamos pessoalmente, nossa confiança e competência crescem. Depois de algum tempo, sabemos instintivamente o que fazer. Escolhemos o caminho mais rápido para escapar da confusão e simplesmente o seguimos. Permanecemos calmos e relaxados.

O Plano de RE é mais fácil, seguro e eficaz se estivermos familiarizados com certas ideias básicas desde o início. É sempre bom aprender os fundamentos de qualquer tópico que se está estudando antes de tentar dominar seus detalhes. Caso quisesse aprender a pilotar um avião monomotor, por exemplo, você começaria aprendendo sobre todas as partes do avião e como elas funcionam. Quando estivesse pronto para decolar de seu Cessna, você teria uma base de compreensão para a operação da aeronave e conseguiria tirar o melhor dela. Da mesma forma, quando estamos lidando com turbulências emocionais, é útil ter uma boa compreensão da presença mental.

Por que a presença mental é importante? É necessário saber o que ela é para ser capaz de aplicar a Atenção ao Vão (o primeiro passo do Plano de RE) em relação ao ressentimento que trazemos para casa após um dia terrível no trabalho. É desejável saber como exatamente a presença mental ajuda e por que vale a pena desenvolvê-la. Desde o princípio, de fato, é preciso manter a mente presente quanto à nossa atitude geral com relação a passar por emoções fortes. Então será possível estender essa presença mental até reconhecer como nossa atitude afeta nossas reações – nossos modos habituais de lidar com grandes emoções e dificuldades dolorosas.

Resguardando sua tranquilidade

Manter a mente presente significa simplesmente "prestar atenção". É a chave para trabalhar bem com as emoções e para resguardar sua tranquilidade. Estar presente também significa "lembrar". Mesmo os melhores planos serão inúteis se você não lembrar de aplicá-los. A presença mental é uma habilidade única, que pode ser praticada isoladamente, mas também é o ingrediente de todos os três passos no Plano de RE – Atenção ao Vão, Visão Clara e Soltar.

E o que você faz para prestar atenção? E a que exatamente você deve estar atento? Traga sua consciência ao momento presente, aqui e agora. Há um senso de frescor e espaço desobstruído – um vão natural – entre os momentos passados e futuros. Nesse ponto do agora você está ciente dos pensamentos e dos sentimentos que vêm e vão, e das cores, sons e cheiros do mundo a seu redor.

Você pode manter presença mental em qualquer lugar – quando está caminhando no parque ou comprando no shopping, fazendo o jantar para sua família ou assistindo TV. Você pode estar sozinho ou em grupo, feliz ou triste, discutindo com seu companheiro de apartamento ou dando risadas com um velho amigo. Você pode manter a presença mental toda vez que tiver um pensamento ou sentimento – ou seja, basicamente o tempo todo.

Manter a presença mental não é muito difícil uma vez que nos acostumemos com isso. Aos poucos, torna-se um hábito que substitui o costume da *ausência* mental – o ato de distrair-se, esquecido ou "fora do ar". De início, é útil passar um tempo sozinho, apenas se familiarizando com essa forma simples de treinar a mente também conhecida como "prática de presença mental".

> ### Prática curta de presença mental
>
> Tempo: Cinco ou dez minutos para começar. Aumente o tempo como desejar.
>
> #### Postura Presente
>
> Para começar a sessão de prática de presença mental, é necessário um lugar confortável para sentar. É possível sentar numa cadeira ou usar uma almofada mais firme no chão. O ponto principal é manter uma boa postura, mas relaxada, de forma que a espinha e os ombros fiquem retos. Caso esteja sentado em uma cadeira, as plantas dos pés devem tocar uniformemente o chão. Caso opte pela almofada no chão, suas pernas devem ficar confortavelmente cruzadas. As mãos pousam relaxadas sobre as pernas. Os olhos ficam focados um pouco para baixo, fitando um pouco à frente.
>
> #### Respiração Presente
>
> Quando confortavelmente sentados, respiramos fundo. Trazemos a atenção para a respiração e focamos suavemente na expiração. Em seguida, observamos a inspiração e simplesmente relaxamos. Surgirá a sensação de estar sentindo a própria respiração, sentindo o seu movimento. Enquanto relaxamos, começamos a apreciar o momento presente, o "estado de agora".

Presença mental dos pensamentos, sentimentos e emoções

Quando os pensamentos surgem, não os seguimos e tampouco tentamos freá-los. Simplesmente os reconhecemos em sua presença momentânea e os deixamos ir. Retornamos a atenção para a respiração. Da mesma forma, observamos qualquer sensação física (dor no joelho) ou emoção que surja (um lampejo de ansiedade, um momento de raiva). Reconhecemos a presença da sensação e então relaxamos, deixamos aquilo se soltar e retornamos para a respiração.

Terminando a Sessão

Perceba qual é a sensação de praticar presença mental por três minutos. Quando retornar ao seu estado mental costumeiro, lembre-se que você pode dar um tempo para se conscientizar do movimento dos pensamentos e do movimento da respiração. É possível fazer "minissessões de presença mental" ao longo do dia, sempre que possível.

Na Parte Dois deste livro encontram-se instruções adicionais e mais extensas da meditação de presença mental.

A presença mental é uma forma de observação. É como prestamos atenção aos visitantes que tentam entrar pela porta da mente. Mantemo-nos presentes diante dos pensamentos e emoções que se anunciam e tocam a nossa campainha. Enquanto permanecemos alertas e presentes, podemos decidir quem entra e quanto tempo pode ficar. Se o Exterminador do Futuro ou o Doutor Destino* acabarem entrando, nos lembramos de quem está no comando e não nos deixamos levar por suas histórias. Caso as visitas portem-se mal ou passem da hora, lembramo-nos de pedir que se retirem ou as expulsamos.

Não se preocupe se está fazendo "certo" ou "errado". O principal é dar atenção completa à prática. Colocamo-nos no momento presente ao colocar a consciência nas experiências do corpo, no movimento da respi-

---

* N. do T.: Supervilão de quadrinhos da Marvel.

ração e no fluxo de pensamentos e sentimentos. Quando percebermos que nos desviamos disso, nos recolocamos. Há duas coisas acontecendo aqui: uma é a consciência de estar no presente; a outra é a presença mental que reconhece quando saímos do presente e nos recoloca nele.

A presença mental produz uma qualidade de atenção precisa e límpida. Surge clareza com relação aos pensamentos. Temos clareza quanto ao que vemos, ouvimos e sentimos. Quando reparamos em alguma coisa num instante deste estado de agora, sabemos precisamente o que está acontecendo. Vemos nosso estado mental atual e também os padrões de hábito operantes enquanto pensamos. Estamos conscientes do que estamos fazendo e somos capazes de reconhecer nossas escolhas. Já não somos fadados a gastar o dinheiro que não temos – decidimos dessa vez apenas admirar o novo carro esportivo pela vitrine.

A presença mental também pode nos ajudar a reconhecer a que ponto as ações habituais com relação às emoções – as formas com que lidamos com a raiva, o desejo, o ciúme, a inveja e assim por diante – são determinadas por nossa atitude com relação a elas. Podemos não pensar sobre esse tipo de coisa com muita frequência, mas há muito a se aprender quando identificamos a forma como enxergamos as emoções e o que realmente pensamos delas.

Três atitudes: negativa, positiva, imparcial

No esquema do Plano de Resgate Emocional (RE) em Três Passos, observamos três atitudes básicas que podemos adotar com relação a nossas próprias emoções: negativa (má), positiva (boa) ou imparcial (além dos rótulos de mau ou bom). Baseando-nos em nossa experiência com as emoções, tendemos a manter uma dessas três atitudes com relação a elas. Olhamos de um jeito para alguém que, a cada vez que encontramos, nos dá um tapa bem na cara e nos insulta, e de outro jeito para alguém que nos dá tapinhas nas costas e conta piadas. No momento em que o "estapeador" aparece, tendemos a recuar, mesmo antes de sabermos o que ele vai aprontar desta vez. Já temos uma boa ideia. Quando estamos nos arrumando para encontrar nosso amigo mais relaxado e bondoso, provavelmente aguardaremos esse encontro com expectativa. Em outro nível, porém, é possível encontrar todo tipo de emoção – até mesmo as mais difíceis – sem prejulgamento ou expectativa. Quando conseguimos fazer isso, nada interfere com nossa capacidade de ver claramente e de agir com sabedoria exatamente quando precisamos.

Cada passo do Plano de RE – Atenção ao Vão, Visão Clara e Soltar – está ligado a uma dessas atitudes (negativa, positiva e imparcial) e cada um deles também nos dá uma "saída", um jeito de trabalhar com a presença mental para nos libertar do automatismo crônico e de suas consequências dolorosas. Enquanto progredimos pelos passos, a atitude evolui e a nossa habilidade para lidar com as emoções também melhora. Com o tempo, atingimos um desenvolvimento pleno do processo – o reconhecimento das emoções como energia criativa, além das polaridades de "bom" ou "mau".

Para descobrir a nossa atitude básica, nosso ponto de saída pessoal, olhemos para a nossa reação instintiva ao surgimento de uma emoção. Devemos fazê-lo repetidas vezes – e esse é um exercício que pode nos surpreender. Ficamos intimidados pela raiva? Qual é a resposta que damos a expressões de afeto? O que fazemos quando alguém grita conosco ou quando começamos a chorar? Imaginemos que as emoções são pessoas. Gostaríamos de lhes estender um convite? Ouviríamos o que elas têm a dizer, ou as rechaçaríamos?

Quando encaramos nossas emoções como **negativas**, não vemos nada de bom nelas. São apenas más companhias. Elas são dolorosas, perturbadoras, nos deixam loucos e nos exaurem. Arruínam nossos planos e nos estressam. Podem até mesmo nos deixar fisicamente doentes. Em casos extremos, são tão tóxicas que podem nos matar ou nos fazer desejar a morte. ("Se eu não puder ficar com ela ou com ele, melhor pular de um precipício", lhe parece familiar?). De fato, vemos alguns sentimentos como inimigos de nossa felicidade, ladrões que constantemente invadem nosso espaço e nos exploram, roubando nossa sanidade e tranquilidade. À luz disso, vemos nossas emoções estritamente como algo mau, tão inúteis quanto o lixo descartado todos os dias. Essa é a atitude mais comum de alguém que está iniciando no Plano de RE, e isso está primariamente ligado ao passo um, a Atenção ao Vão.

Quando vemos nossas emoções como **positivas**, enxergamos algo de bom nelas. Embora às vezes nos machuquem com suas lições dolorosas, os sentimentos também nos deixam mais honestos. É possível reconhecê-los como algo essencial para nosso desenvolvimento psicológico ou espiritual ao invés de enxergá-los como ameaças à nossa saúde e felicidade. Somos de fato melhores e mais fortes porque as emoções nos desafiaram e tivemos que trabalhar com elas. Como amigos, elas nos ajudam. Como remédio, têm o poder de nos curar. Como o lixo descartado, acabam se mostrando interessantes e recicláveis, que podemos reutilizar e transformar em coisas úteis e belas. Essa atitude mais otimista se desenvolve naturalmente depois de um trabalho longo com as emoções. Começamos a ver os sentimentos de forma mais ampla, em contexto e em termos dos padrões que formam. Isso está primariamente ligado ao passo dois do Plano de RE, Visão Clara.

Depois de termos apreciado completamente tanto as facetas positivas quanto as negativas das emoções, resta ainda uma terceira forma de encará-las. Em vez de reconhecê-las apenas como oposição ou contradição, reconhecemos uma totalidade **imparcial**. Reconhecemos que todas as emoções surgem da mesma fonte: a energia espontânea criativa e sempre presente de nossa própria mente, de nosso próprio coração. Este é o estado natural das emoções de que já falamos – quer estejamos sentindo raiva, ciúmes, paixão, desejo ou uma combinação de tudo isso. Esse estado original e natural é uma consciência refinada muito clara e cheia de discernimento. Assim, vemos as coisas como realmente são – ao contrário de nossa mente ordinária emocional, que está sempre revisando a história.

Essa atitude transcendente representa a culminação do processo e está primariamente ligada ao passo três, Soltar. Quando finalmente chegamos a essa visão, as emoções não mais nos cegam ou enganam. Em vez de atrapalhar nossa experiência, as energias emocionais têm o efeito oposto: ajudam-nos a lidar com as situações com equanimidade, numa perspectiva mais ampla e mais humana.

As três saídas: 1. Rejeitar 2. Reciclar 3. Reconhecer

Caso ocorra um arroubo emocional, há três saídas para as quais podemos seguir de forma a nos libertarmos do aperto dos padrões habituais dolorosos: Rejeitar, Reciclar ou Reconhecer. Uma "saída" (voltando ao dicionário) é "um caminho ou passagem para fora", como uma porta ou portão. Também significa "abandonar, largar, ou se afastar." No teatro, um ator "sai" do palco e deixa a peça seguindo seu curso.

Então, quando estivermos presos em sentimentos de ressentimento, miséria ou autocomiseração, como encontramos a porta de saída? Os três passos do Plano de RE são de fato estratégias, táticas de jogo, para atingir essas saídas quando realmente precisamos delas. As saídas refletem níveis progressivos de conhecimento, habilidade e experiência. Podemos pensar nelas como passagens que levam de uma fase para outra num vídeogame bem realista que estamos jogando. Quando dominamos uma fase do jogo, repentinamente somos capazes de seguir imediatamente para a nova fase, em que nos é apresentado um conjunto totalmente diferente de desafios. Se tirássemos um dos níveis do jogo, ele ficaria incompleto. Da mesma forma, só atingimos a experiência última das emoções como energia criativa começando do início e progressivamente desenvolvendo a compreensão e as habilidades.

Uma vez que essas três saídas nos forem familiares, estaremos prontos para olhar para métodos específicos do Plano de ER (nos próximos capítulos) que tornarão possível nos resgatarmos quando reconhecermos o começo de uma tempestade emocional.

Saída 1: Rejeitar

Quando consideramos as emoções como negativas, geralmente nossa primeira reação é tentar escapar de sua energia desconfortável usando a rejeição. Queremos calá-las, suprimi-las, enterrá-las. Basicamente, queremos isolá-las da forma que for possível, para que não nos afetem mais.

Mesmo enquanto ato de puro impulso, isso funciona como saída temporariamente. Porém, quando é assim, não é uma saída verdadeira, porque aqueles sentimentos retornam. Não estamos realmente livres. Não passamos de fase... ainda.

No primeiro estágio do Plano de RE, quando reagimos às emoções como se elas fossem arruaceiras descaradas, escapamos pela saída 1: rejeitá-las. Usando a presença mental, paramos a energia da emoção problemática a fim de manter os sentimentos dolorosos a uma distância segura e assim não acabarmos oprimidos por ela. Ao mesmo tempo, a resposta com presença mental vai abrindo espaço para que um remédio verdadeiro para a dor possa ser aplicado. Começa um processo de cura que pode abrir a porta para a próxima fase do jogo. O Passo Um do Plano de RE, a chamada "Atenção ao Vão", ensina como seguir de maneira habilidosa e segura por essa saída.

Como rejeitamos emoções fortes usando presença mental? O que fazemos para impedir que elas nos perturbem? Mesmo que não sejam vivenciadas há algum tempo, emoções traiçoeiras como a raiva e o ciúme sempre parecem estar nas proximidades. Certo dia vemos nossa namorada falando com o ex numa festa e repentinamente nos transformamos em nossa versão monstruosa. Estamos logo prontos para avançar sobre o cara e arrancar sua cabeça. Quando isso ocorre, descobre-se que é uma boa ideia refrear as emoções.

Porém como fazê-lo? É impossível abafar todas as irritações, hostilidades e maluquices gerais que surgem, achando que serão aliviadas posteriormente com uma caminhada (ou anestesiando-as com um sorvete ou uma cerveja). Em vez disso, é preciso aplicar um remédio verdadeiro, algo que efetivamente neutralize a raiva. Algo que tire o ferrão desse sentimento tão pungente, e, num determinado ponto, ajude-nos a conduzi-lo para fora. O que é possível fazer além de se conter?

A paciência é um remédio para a raiva. Paciência, no sentido aqui empregado, significa permanecer com a presença mental e continuar a observar as emoções em questão sem criar uma cena (falaremos mais sobre isso no Capítulo 3). Ter paciência não significa suprimir a irritação ou aguentar a dor sem reclamar. Esta prática é como uma medicina preventiva que nos impede de contrair a doença da raiva, do ciúme ou da inveja. Mas caso não nos sintamos capazes de sermos pacientes quando estamos chateados, a que podemos recorrer?

Quando sentimos dor de cabeça queremos tomar um remédio. Procuramos em nossa gaveta, mas ela está vazia. O analgésico acabou. Então decidimos ir até a farmácia comprar aspirina. Fazemos esse esforço porque sabemos que a dor de cabeça desaparece se tomarmos uma ou duas pílulas. Da mesma forma, quando se aplica a paciência com presença mental à raiva, podemos ter certeza que a raiva se dissipará. O Doutor Destino e o Exterminador do Futuro não vão conseguir se assentar nas nossas mentes.

Certamente resistimos à ideia de tomar remédio às vezes, mesmo quando o temos e sabemos que vai nos fazer bem. Nem sempre o remédio é doce, pode ser difícil de engolir. A chave para vencer essa resistência é saber que o remédio certo pode realmente oferecer alívio. Ao se comprometer com o trabalho com as emoções com presença mental, não buscamos apenas o alívio temporário. Estamos começando a tomar as rédeas das emoções em vez de permitir que elas nos comandem. Estamos mais próximos de uma cura permanente.

Quando se está focado em usar essa saída, é importante lembrar todas as formas com as quais a mente emocional não supervisionada já criou confusão em nossa vida e nos causou sofrimento. E essa é a história de seu passado e também do futuro, caso nada mude. Quando se repara que o problema não são tanto as emoções, mas nosso jeito habitual de lidar com elas, então se está pronto para uma nova abordagem. Embora rejeitar as emoções seja muitas vezes útil, há momentos em que isso não é o *suficiente*. Não importa o quão diligentemente se queira cuidar para que uma emoção não apareça, ela segue aparecendo.

Quando isso acontece, o que se faz? Caso apenas sigamos tentando parar as emoções, nos convencendo vez após vez com frases como "não aguento essa sensação. Tenho que me livrar dela!", pode acabar sendo até mais difícil se libertar. Nesse caso, é mais útil pensar da seguinte forma: "Já que estou tendo essa emoção agora, vou olhar para ela de forma diferente dessa vez e tentarei fazer o melhor uso dela."

Saída 2: Reciclar

Quando estamos dispostos a ver as emoções como positivas ou potencialmente positivas, o enfoque com relação a elas naturalmente muda. Em vez de apenas querer sair correndo porta afora, surge uma curiosidade maior. Percebemos que toda essa energia emocional pode funcionar a nosso favor: a pilha de lixo vale um segundo exame. No passo dois do Plano de RE – Visão clara – a passagem para o alívio é a *Saída 2: Reciclar*. Nesse ponto não se quer mais parar totalmente a energia que se estava rejeitando, e simplesmente jogá-la fora. Em vez disso, queremos recuperá-la e reciclá-la – redirecionando-a para alguma finalidade positiva.

Hoje em dia muitas coisas úteis são feitas do que chamamos de "lixo". Aquilo que uma pessoa joga no lixo hoje, amanhã se torna um novo par de calçados, uma mochila descolada, ou uma mesa de centro escultural. E quando se tem o hábito de reciclar, também se produz menos lixo. Gerar menos lixo e mais materiais recicláveis nos beneficia pessoalmente e também beneficia a comunidade.

Da mesma forma, qualquer emoção pode ser vista como negativa ou positiva, como inútil ou cheia de potencial. Só depende de como a encaramos e como lidamos com a sua energia. Tristeza, descontentamento e vaidade podem ser tanto dejetos na lixeira *quanto* materiais úteis usados na reciclagem.

Como transformar as emoções da mesma forma que transformamos o lixo em um par de sapatos? Como uma emoção passa a ser atraente, confortante e central à felicidade se parte de algo tão repulsivo, que até mesmo evitamos encarar? Inicialmente, enfrentamos o hábito de descartar os sentimentos sem exame – agora prestamos atenção a eles e observamos suas qualidades de perto. Quando conhecemos as emoções elas já não parecem tão assustadoras. Começamos a apreciá-las como as amigas, os auxílios e os remédios de que mais precisamos.

Passo a passo, começamos a ver o lado positivo das emoções, que está além de nossos vieses. Temos uma primeira ideia de seu potencial transformador. Vemos como o próprio fio afiado da raiva tem uma qualidade de clareza e precisão. Começamos a obter uma compreensão mais refinada de como as emoções funcionam – repentinamente descobrimos como resolver aquele conflito no escritório. Aquela mesma energia nos ajuda a eliminar a hesitação e dar um passo numa nova direção. Caso estejamos nos sentindo tristes, rejeitados e sem esperança – caso tenhamos perdido um emprego ou um amor – a energia dessas emoções pode também se tornar uma fonte de inspiração e sabedoria aplicável a todos os tipos de coisas. Começamos a reconhecer que não há emoção que precisemos jogar fora. É possível reciclar qualquer uma delas. Assim como o veneno de uma cobra venenosa pode ser transformado no soro que salva uma vida, até mesmo a inveja tóxica pode se transformar em bondade otimista.

Digamos que certo dia uma velha amiga componha uma canção que ganhe projeção viral e do dia para noite venha a gravar um disco, dando início ao seu próprio selo musical. Todo os dias você vê o rosto sorridente dela no iPad ou no smartphone e começa a sentir inveja. Em vez de chorar por ainda estar trabalhando em uma cafeteria, o que você deve fazer? Podemos apanhar a emoção que está surgindo e reprocessá-la. Reconheça a inveja e lembre-se de observar a porta da mente com presença mental. Quando vemos quem está batendo, tentando invadir nosso espaço e chamar a nossa atenção, podemos até convidá-lo a entrar, mas primeiro colocamos algumas regras básicas. Não vai haver comportamento ruim ou correria. A emoção pode ficar um tempinho, para uma conversa sincera. Por que ela apareceu? O que a está preocupando? Na medida em que se dispõe a contar seus propósitos, aos poucos a retórica do sentimento indesejado suaviza. Começa a surgir espaço para a simpatia. A inveja passa a se tornar apreciação e felicidade pelo sucesso de sua amiga. E então, em vez de você se botar para baixo, pode até se inspirar a realizar seu próprio sonho.

O Plano de RE nos ajuda a desenvolver o conhecimento e as habilidades para redirecionar a energia e optar pela Saída 2: a reciclagem.

Com o passar do tempo começamos a encarar as emoções como sendo basicamente boas – como amigas que apoiam nossa felicidade e crescimento. Com essa atitude mais positiva, a abordagem passa a ser o trabalho com as emoções, e não mais o acanhamento diante delas. Você deve realmente senti-las para explorar o seu potencial. Se dermos oportunidades e um pouquinho de compreensão, em que nossos sentimentos podem se transformar?

Nesse momento descobrimos que as emoções podem ser mais produtivas do que destrutivas. Não precisamos nos desencorajar quando surge um sentimento forte demais, não é preciso rodopiar ou perder o prumo. A emoção em si tem os recursos necessários para romper seu padrão. A sua própria intensidade pode potencialmente nos acordar, fazer com que nos livremos de nossas preconcepções. As emoções são bolhas de ar, um gás que nos inspira a transformar as dificuldades e frustrações em belas músicas e poesias. Certamente são a fonte da dor de cotovelo, mas ao mesmo tempo são a fonte da cura e da compaixão.

Saída 3: Reconhecer

Quando chegamos ao ponto em que vemos as emoções como energia criativa, naturalmente a forma de encará-las começa novamente a mudar. Assim, passamos de fase e nosso objetivo passa a ser a *Saída 3: Reconhecer*. Nessa etapa, vamos além dos esforços de rejeitar ou reciclar. Em vez disso, vamos diretamente ao coração da emoção e nos conectamos com sua energia vívida tal como ela surge – uma energia tão vibrante que penetra todas as camadas de ideias físicas e hábitos que mascaram nossa verdadeira natureza. Soltar, o terceiro passo do Plano de RE, nos leva a essa saída.

Quando somos capazes de aceitar as emoções exatamente como são, torna-se possível vê-las com o frescor de novos olhos. Começamos a reconhecer a inteligência e a compaixão sempre presentes no cerne das emoções. Vemos nelas as qualidades límpidas e despertas da sabedoria, em vez das faces tão familiares da confusão.

Nessa altura do jogo, já deu para perceber que o ponto de vista "ou isso ou aquilo" (bom *versus* mau) não faz sentido para todas as experiências. Há emoções que contêm muitos sentimentos ao mesmo tempo e, mesmo assim, parecem ressoar uma mensagem única, ainda que inexprimível. É difícil dizer qualquer coisa sobre elas sem reduzir seu impacto.

Exemplos disso não são incomuns. Certo dia nos vemos entediados e insatisfeitos com a vida. Observamos um catálogo de agência de viagens e desejamos estar a milhares de quilômetros de distância, sentados em alguma praia deslumbrante, assistindo ao pôr do sol. A cada instante ficamos mais infelizes. Então, por algum motivo, olhamos pela janela mais próxima e vemos a beleza do poente que está de fato acontecendo. A mente para e simplesmente o apreciamos. Aquilo que reconhecemos é maior do que qualquer rótulo que possamos lhe dar. Vai além das palavras.

Esses momentos são transformadores se os percebermos. Podem mudar nossa visão das coisas. É como quando abandonamos todos os catálogos e roteiros e simplesmente vivemos no presente vívido. Há um lampejo de completude – não estamos nos separando ou ficando alienados do ambiente ao nosso redor.

Enquanto ainda trabalhamos com as emoções pelo método da rejeição ou da reciclagem, estamos tomando a saída menos direta com relação à dor e à dificuldade. Temos que nos ver livres das emoções ou transformá-las antes de nos libertarmos do sofrimento que causam. Mesmo quando começamos a apreciar o medo e a raiva como recicláveis e potencialmente benéficos, segue um senso de insatisfação: algo ainda não parece certo com relação a esses sentimentos. Embora reconheçamos seu valor, não achamos que são bons o suficiente tais como são – parece ser *necessário* transformar essas emoções em algo melhor.

Quando optamos pela Saída 3, porém, não há necessidade de transformar as emoções em algo diferente. Neste estágio podemos lidar com elas em seu estado puro. Aceitamo-las exatamente como são. Não tentamos nos livrar delas, vendo-as como um dejeto, e também não as tentamos alterar, pensando em seu potencial para se tornar algum tipo de sapato ecológico ou bolsa de borracha. Quando reconhecemos a tremenda clareza, sabedoria e compaixão na natureza real das emoções, vamos além dessas duas visões. Se conseguimos nos conectar com sua essência, seu estado original, percebemos que as emoções são simplesmente energia vibrante – a brincadeira criativa da inteligência natural inata.

Uma vez que reconheçamos a rede de conexões que nos liga a nossas emoções (nossa dor e nosso sofrimento ou a nossa liberdade e felicidade), poderemos ir além da teoria e começar a planejar exatamente como lidar com fortes sentimentos no tempo exato em que eles acontecem.

PERGUNTE A SI MESMO...

Como lembro o que estou fazendo e por quê?

Mesmo quando a intenção de trabalhar com as emoções está clara e estamos determinados a fazê-lo, é possível que esqueçamos desta prática. Acabamos ocupados e outras coisas apanham nossa atenção. *Atenção ao Vão, o que era aquilo mesmo?* Os velhos padrões começam a retornar e logo nos descobrimos sofrendo com as reclamações de sempre, com todas as nossas dores e sofrimentos. É como receber um bom remédio do médico e depois esquecer de tomar. Se é o caso, não é surpresa não melhorarmos.

Esse exercício pode nos ajudar a lembrar da intenção e da motivação para trabalhar com as emoções. Ele coloca o projeto de Resgate Emocional em nossa agenda.

Entre em ação

Identifique alguma ação específica que vai tomar. Por exemplo:

• Irei _____ (p. ex., separar meia hora para a contemplação essa semana: 19h de quinta-feira e sábado).

• Quando eu _____ (p. ex., acordar de manhã) vou _____ (p. ex., rever minha intenção antes de me envolver em outras coisas).

• Quando eu _____ (p. ex., for para a cama à noite), irei _____ (p. ex., refletir sobre minha intenção e rever se fui capaz de colocá-la em prática nas minhas ações durante o dia).

Siga essas ações por um tempo. E então tente um esquema diferente. Use atividades ligadas à sua casa, ao seu local de trabalho ou até mesmo ao seu tempo livre como lembretes. Use a criatividade!

O Plano de Resgate Emocional em três passos: ligando os três passos com as três fases do processo

Fase 1: apenas começando, tentando pegar o jeito

Visão mais usual das emoções » Negativa: amedrontadoras/tóxicas/opressivas/insalubres/lixo/perigosas.

Passo mais usualmente aplicado » Atenção ao Vão: sinta, detenha-se, olhe.

Saída mais usualmente acessada » *Saída 1, Rejeitar*: pare a energia ou abandone a situação.

Fase 2: mais familiar, mudando o jogo

Visão mais usual das emoções » Positiva: desafiadora, mas trabalhável/saudável/útil para o desenvolvimento pessoal.

Passo mais usualmente aplicado » Visão Clara: obter uma visão panorâmica (baseada na experiência com a Atenção ao Vão).

Saída mais usualmente acessada » *Saída 2, Reciclar*: reprocesse a energia; a Saída 1 está disponível, se necessário.

Fase 3: dançando sem esforço quando tudo flui em união

Visão mais usual das emoções » Energia Criativa: além do "bom *vs.* mau," clareza inexprimível, compaixão, totalidade.

Passo mais usualmente aplicado » Soltar: liberar a energia emocional presa e estressada com o relaxamento da mente e do corpo (baseado na experiência com a Atenção ao Vão e na Visão Clara).

Saída mais usualmente acessada » *Saída 3, Reconhecer*: ver as qualidades enriquecedoras e despertas da energia de uma emoção, exatamente do jeito que elas são; Saídas 1 e 2 estão disponíveis, se necessário.

3
Ajuda a caminho

A Estrada para o sucesso está sempre em construção.
— Lily Tomlin

Quando estamos só discutindo teoria, trabalhar com as emoções soa fácil. Porém, nas situações reais – quando o chefe nos entrega uma carta de demissão, a filha repete de ano na escola ou o parceiro não gosta de nosso novo penteado, a história é outra. O que parecia tão simples no livro – manter presença mental e conseguir parar antes de fazer algo de que você se arrependerá – não parece tão fácil num momento acalorado. Pensamos: "Eu tinha que ter dito só mais isso, só para deixar bem claro, e então estava tudo certo. Aí ficaria em paz". Mas nunca é apenas uma coisa, não é mesmo? É só nos entregarmos um pouquinho às nossas tendências habituais e antes mesmo de percebermos elas já nos meteram bem fundo no mesmo buraco que juramos nunca mais cavar. A mesma situação, o mesmo sofrimento. Caso lhe soe familiar, não fique se culpando. A culpa não ajudou no passado e tampouco ajudará agora. O que pode ajudar é ter um plano em prontidão. Em caso de uma emoção forte repentina, não há tempo para parar e elaborar algo de última hora.

O Plano de Resgate Emocional em Três Passos: alternativas a ser o seu próprio arqui-inimigo

O Plano de Resgate Emocional consiste em três passos simples: Atenção ao Vão, Visão Clara e Soltar. Não importa se estamos nos sentindo perturbados ou arrasados pelas emoções, podemos usar esses métodos para nos acalmar imediatamente e também para diminuir o estresse da situação toda. O resultado dessa prática é aos poucos percebermos como nos encontramos presos em padrões de comportamento que nos machucam, e não nos ajudam.

Obviamente a intenção é sempre evitar os problemas, não aumentá-los. Aliviar a dor emocional em vez de intensificá-la. Porém frequentemente o que fazemos tem o efeito oposto do desejado. Quando temos de escolher entre uma reação automática ou uma resposta temperada e calma para o comentário insensível de um amigo sobre nossa escolha romântica, somos nossos próprios piores inimigos. Também atuamos contra nós mesmos quando o chefe elogia as ideias do funcionário recém-contratado, tão semelhantes às que nós mesmos acabáramos de mencionar antes da reunião. Somos nossos próprios inimigos quando um sentimento de irritação cozinha lá no fundo, só esperando o momento de extravasarmos com nossos filhos, com o cachorro ou com o atendente no supermercado.

Nossos padrões habituais – as reações automáticas à energia de nossas emoções – nos levam ou ao menos nos sugerem fazer o que sempre fizemos, vez após vez. Mesmo que saibamos que dez segundos mais tarde nos sentiremos envergonhados, até mesmo meio bobos ou estúpidos. Este livro e os passos do Plano de Resgate Emocional nos ajudam a eliminar esses padrões persistentes e persuasivos. Pesquisas recentes da neurociência mostram que a simples prática do Passo Um (Atenção ao Vão) por alguns minutos pode ter um impacto significativo na redução de atitudes habituais danosas, ampliando nossa capacidade de tomar melhores decisões e evitar escolhas ruins.

A princípio nos concentramos apenas no primeiro passo. Quando ele se torna familiar e natural, adicionamos o segundo. Finalmente, seguimos para o passo três e o exploramos. Assim, chegaremos a um estágio em que as emoções e as instruções para trabalhar com elas surgirão quase simultaneamente. E isso nos dará uma confiança parecida à de alguém que tem uma boa educação e um pouco de dinheiro no bolso.

Enquanto você lê, mantenha-se consciente de que o conteúdo apresentado aqui é uma visão detalhada do método de três passos e por isso pode parecer um tanto arrastado. Na prática, cada passo do processo é bastante rápido. Vamos agora considerar o primeiro: a Atenção ao Vão.

Atenção ao Vão

No Reino Unido existe um sistema de metrô que atende à cidade de Londres e áreas vizinhas. Quando o metrô para e suas portas se abrem, a gravação do sistema de som informa "cuidado com o vão". É um lembrete para que os passageiros prestem atenção ao espaço entre o trem e a plataforma enquanto embarcam e desembarcam, a fim de evitar acidentes. Em Londres, a frase em inglês *Mind the gap* (cuidado com o vão) é tão essencial à experiência urbana que já virou até slogan na camiseta dos turistas.

Caso você esteja entrando no trem, precisará estar atento ao vão porque não quer cair naquele espaço e se machucar. Ao trabalhar com as emoções, evitamos o vão de forma um pouco diferente. Quando experimentamos sentimentos fortes, é igualmente perigosa a desatenção ao vão que existe entre nós mesmos e nossas emoções.

A Atenção ao Vão tem três partes: Sentir, Deter-se e Olhar. Comece lembrando-se de manter presença – não se esqueça de olhar e ver quem está batendo à porta da mente. Caso tenha a sorte de apanhar a emoção perturbadora assim que ela surge, ótimo. Mas também já é bom o suficiente contê-la depois que a comoção toda começou. É melhor do que não perceber nada até o momento que tudo acaba e a paz e a tranquilidade retornaram.

Segue uma descrição do passo um do Plano de RE – Atenção ao Vão. Usaremos a raiva como exemplo, já que todos a sentimos e ela é sempre difícil.

QUANDO A EMOÇÃO BATE À PORTA...

PASSO UM:

ATENÇÃO AO VÃO SIGNIFICA...

- Sentir – parar e apenas SENTIR a energia. Não a bloquear e não reagir a ela.

- Deter-se – não revisite o que acabou de acontecer e não avance o pensamento para momentos futuros.

- Olhar – encarar a emoção "face a face", de forma a reconhecer seu estado natural. Um senso de curiosidade ajuda!

Atenção ao Vão: Sentir

A parte de SENTIR a Atenção ao Vão é onde começamos. O que significa "sentir"? Algo acontece (ex.: um e-mail informa que o aluguel vai subir um bocado) e percebemos o surgimento da irritação. No instante que reconhecemos esse movimento, paramos tudo e apenas SENTIMOS o que está acontecendo. Não bloqueamos a energia, mas também não reagimos a ela. Neste momento não é necessário fazer nada a respeito. Apenas permanecemos presentes, cientes do que sentimos.

Quando separamos um momento para sentir a própria raiva, tudo naturalmente fica mais lento. Voltamos nossa atenção para dentro. Imediatamente percebemos que há espaço para respirar e assim não ficamos abalados. Nesse espaço, descobrimos o vão entre nós mesmos e a raiva que sentimos. Esse pequeno distanciamento revela que existimos separados de nossas emoções. Não somos apenas aquela agitação louca. Somos também aquele que a está observando. Caso nós e a nossa raiva fôssemos exatamente os mesmos, como poderíamos observar a emoção?

Essa é a essência da Atenção ao Vão. É como um hábito de direção segura. Na autoescola, o aluno aprende a manter certa distância entre o carro que está dirigindo e o carro à sua frente. Caso esteja seguindo a regra e o carro à frente pare abruptamente, há tempo de pisar no freio e evitar uma colisão. Caso estejamos dirigindo perto dos outros, é mais provável que tenhamos um caro e doloroso acidente.

Isso é diferente de empurrar a raiva para longe impulsivamente, com a intenção de cortar qualquer conexão com ela. Aqui permanecemos em contato com a energia. Estamos dispostos a sentir o que quer que surja: das irritações triviais da vida até as tribulações da perda, do medo e do luto. Digamos que estejamos numa bela viagem com a companheira e ela reclame do hotel e critique nosso jeito de dirigir. Se repetirmos para nós mesmos o mantra "Atenção ao Vão, Atenção ao Vão" silenciosamente e no mesmo instante em que a irritação começar a aparecer, é possível evitar um confronto confuso e até achar uma via de comunicação.

É importante lembrar que a história que nos contamos ("ele não me compreende; sigo tentando, mas...") e o sentimento no qual a história está embasada (mágoa, irritação) não são necessariamente a mesma coisa. Quando dizemos "parece que você está sempre me criticando" para nossa companheira, estamos olhando para fora. Não é uma descrição do que estamos sentindo – diz mais respeito ao que a companheira está fazendo.

Uma afirmação desse tipo é parte da história e provavelmente está mais próxima de descrever os pensamentos do que os sentimentos. Por outro lado, caso digamos, "sinto tanta raiva", estaremos olhando para dentro e nos aproximando da energia básica da emoção. Nesse momento, tentamos mudar o foco da atenção para o corpo. Que sensações percebemos? A cabeça está latejando? Há tensão na mandíbula ou nos ombros? Sentimos o corpo mole ou tremendo? Colocar a presença mental na sensação física nos ajuda a abandonar o pensamento obsessivo sobre o motivo de nossa chateação. Relaxamos o máximo possível. Quando preocupações ou pensamentos que buscam erros surgirem, os abandonamos e simplesmente focamos novamente em como nos sentimos mental e fisicamente. Isso demanda coragem. É preciso estar disposto a SENTIR, mesmo quando tudo o que queremos é nos desligar.

É possível encontrar vários tipos de estratégias para não sentir. Caso nos apanhemos pensando: *Não quero isso! Não preciso disso*, e estejamos nos voltando para um drinque ou para o Facebook, pode ser que estejamos apenas buscando uma distração. O condicionamento social pode dizer: *Não é a hora nem o lugar!* ou *Você devia ser forte!* Porém as emoções também estão tentando dizer algo. O que vai acontecer caso nos recusemos a parar e ouvir? Vai haver mais sofrimento. Caso escondamos os sentimentos no porão, com a expectativa de paz e tranquilidade, eles começarão a fazer uma barulheira danada, exatamente como um cachorrinho preso chorando.

Nesse ponto você deve estar pensando: *que tipo de plano é esse, em que eu tenho que me sentir tão mal? Como isso vai ajudar?* Não se preocupe, a decisão de SENTIR é apenas o começo do trabalho com a raiva. Sua presença mental cria essa abertura, esse vão, que não existia antes. Ela nos permite ver o caminho à frente, mas ainda não estamos sãos e salvos.

Atenção ao Vão: Deter-se

A parte de DETER-SE da Atenção ao Vão é aquela em que você vai mais fundo e dá uma boa olhada no que tem te jogado de lá para cá. Já mudamos o jogo ao diminuir a velocidade e sentir a raiva. Agora no DETER-SE, apertamos o botão de "pausa", que nos deixa no momento presente. Continuamos a sentir a energia da raiva. Seguimos com a experiência e a examinamos com atenção, mas não reagimos a ela. Não retrocedemos e fazemos o *replay* do que foi dito ou feito. Também não imaginamos uma alternativa hipotética onde todas aquelas coisas brilhantes seriam ditas – mas que por algum motivo não dissemos naquela hora. Apenas nos detemos no presente vivo, enquanto ele respira.

Neste ponto não há muito a fazer, apenas relaxar e prestar atenção. Caso estejamos fazendo algo, provavelmente não estamos nos detendo. Não estamos só sentados e relaxando, não estamos nos colocando numa situação em que realmente podemos ver o que está acontecendo. Algumas vezes não fazer nada é tudo o que se pode fazer. Caso estejamos sentindo raiva, não é possível evitar. É como estar preso num engarrafamento. Não importa o quanto queiramos ter pegado aquela saída alguns minutos atrás ou quão atrasado cheguemos ao nosso destino, não dá para fazer nada a respeito disso agora. E então quais são as escolhas? Podemos nos debater e nos deixar numa situação ainda pior ou podemos relaxar. Da mesma forma, quando começamos a praticar o DETER-SE, podemos mesmo nos sentir como alguém preso num engarrafamento. A velocidade emocional é cortada repentinamente, e é difícil mudar de marcha. Poderíamos estar aproveitando a tranquilidade do momento, mas estamos tremendo de ansiedade ao volante, nos coçando para pisar no acelerador de novo.

Caso estejamos realmente praticando o DETER-SE, apenas "presentes e relaxados", como isso nos ajuda? Caso consigamos permanecer com a intensidade de uma emoção por um tempinho – mesmo que por dez minutos – essa é uma experiência poderosa, de abrir os olhos. A princípio podemos precisar ficar a sós para fazê-lo. Podemos querer ir a algum lugar onde se possa fechar a porta, sem ninguém para perturbar. Conforme avançarmos nesse exercício, seremos capazes de praticá-lo sozinhos ou no meio de uma rua movimentada durante um debate acalorado. Caso consigamos observar a raiva sem nos perdermos em pensamentos irados que apenas criam histórias mais elaboradas, perceberemos como os sentimentos começam a mudar e evoluir naturalmente, por si só, sem nenhuma interferência de nossa parte. Se relutarmos, porém, não veremos o que acontece. Vamos perder de vista os movimentos sutis de evolução da raiva. Quando apenas praticamos o DETER-SE, é possível observar a energia mudar e se alterar. Vemo-la ficar mais forte e então mais fraca. Ela é interrompida por outras emoções. Muda de história. Para de ser raiva e se transforma em ciúmes ou paixão. A experiência emocional não é uma coisa contínua e sólida. É um processo de mudanças constantes.

Da mesma forma que o SENTIR requer coragem, DETER-SE requer paciência. Paciência não significa apenas permanecer passivo, trincando os dentes para tolerar a dor, apenas esperando ela passar. A essência da paciência é permanecer no que sentimos sem reagir, vez após vez, no presente, a cada momento em que aquilo retorna. E enquanto continuamos o DETER-SE, devemos tentar fazê-lo de coração aberto. Tentamos vivenciar as emoções sem noções preconcebidas, sem pensar imediatamente nelas como inúteis ou ruins. O processo todo diz respeito a nos relacionarmos com as emoções de forma amigável e habilidosa. Não estamos tentando evitar seu surgimento – estamos deixando que venham naturalmente, apenas permanecendo ali para observar o seu show.

Caso consigamos simplesmente sentar com a intenção de manter presença durante a experiência de SENTIR e DETER-SE enquanto a emoção surge e segue seu curso, teremos a oportunidade de ver não só como a própria emoção muda, mas como nossa percepção da emoção se altera. Perceberemos como os rótulos que lhes damos – sobre o "que" e sobre "quem" achávamos que a emoção dizia respeito – também começam a mudar. Talvez tenhamos pensado que aquele emprego tão desejado era nosso emprego dos sonhos e quando não o conseguimos ficamos extremamente chateados. Porém, na medida em que observamos nossos sentimentos de angústia, também conseguimos reconhecer certo alívio neles, porque agora não precisamos mais nos mudar para outra cidade. Ou talvez reconheçamos o quanto estávamos apegados a deixar nossos pais orgulhosos por termos conseguido este trabalho. Por outro lado, caso o emprego fosse realmente desejado – ou necessário –, permanecer com os sentimentos e testemunhar tudo que eles têm a revelar pode nos ajudar a libertar nossos arrependimentos e descobrir o caminho para seguir em frente. Independentemente de como as coisas se desenrolem, encararemos de forma diferente o desejo original pelo emprego e por que ele nos era tão importante. Descobrir que há mais de uma forma de olhar para a situação pode nos ajudar a reconhecer nossos verdadeiros desejos e para onde realmente queremos ir. Ao observar o processo ao longo do tempo, gradualmente vivenciamos as emoções com um sentido de abertura e liberdade mentais verdadeiras.

Algumas vezes nos frustramos e pensamos: "Bem, tentei de tudo, mas a mesma emoção continua surgindo vez após vez. Isso é tortura!". Esta pode parecer uma afirmação justa, mas na verdade não é o que está ocorrendo. Cada vez que se vivencia uma emoção, ela é fresca – é um momento totalmente diferente de raiva, ciúme, paixão ou orgulho. Não é a mesma velha raiva ou vergonha vivenciada ontem e no dia anterior, ou quando você tinha dezoito anos e o seu pai não lhe emprestava o carro. Esta é uma emoção totalmente nova neste momento totalmente novo.

Embora a experiência de "agora" possa lembrar a experiência de "antes" – um momento no passado em que você se sentiu machucado ou humilhado de forma semelhante – aquele momento já acabou. Os sentimentos não nos seguem a vida inteira. Hoje somos diferentes. As circunstâncias e o ambiente são diferentes. Suas emoções de agora são únicas e não se repetem. Isso não significa que não há conexão ou valor em contemplar experiências passadas.

Pensar assim pode render algumas descobertas importantes. Ver a diferença entre "o mesmo" e o "parecido" pode ser liberador. O nascer do sol desta manhã é belo, mas não exatamente da mesma forma que o nascer do sol de ontem ou de amanhã. Esse reconhecimento do que é novo, do frescor – e da sua conexão com outros momentos – pode nos inspirar a permanecer curiosos, vendo o que podemos descobrir sobre o nosso momento aqui e agora.

Atenção ao Vão: Olhar

A última parte da Atenção ao Vão é OLHAR. Agora nossa visão pode ser diferente porque nossas experiências ao praticar SENTIR e DETER-SE já nos ensinaram um bocado. Há uma compreensão mais profunda e uma percepção muito mais clara das emoções. Somos quase especialistas comparados aos iniciantes que éramos quando começamos a SENTIR. Então o que mais há para saber?

Neste ponto já estamos fartos de sermos enganados por nossos velhos padrões. Então, com forte resolução, encaramos qualquer energia intensa que bata à porta das nossas mentes. Encaramos a raiva, a paixão, a inveja ou a tristeza, sem filtros. A finalidade do filtro de uma câmera, por exemplo, é alterar a quantidade de luz para melhorar o visual de uma imagem ou adicionar efeitos especiais. Neste caso, não tentaremos melhorar a aparência do Doutor Destino ou das Três Bruxas*. Não tentaremos maquiar sentimentos para que nos pareçam mais aprazíveis, polidos ou aterrorizadores. Não os encaixamos em estereótipos culturais nem os vestimos ao estilo de Hollywood. Não adicionamos nenhuma ideia própria. Quando olhamos de forma desnuda para as emoções, vemo-las de forma bruta. Elas não portam qualquer adereço conceitual ou filosófico.

---

* N. do T.: As Três Bruxas, ou "Irmãs Estranhas", são personagens de Shakespeare em Macbeth, semelhantes às moiras da mitologia. Elas levam o protagonista à loucura.

Por que esse "olhar" é diferente? Já vimos que nossas emoções são mais fluidas do que pensávamos. A diferença é que agora, quando há o OLHAR de forma desnuda da experiência das emoções, vemos ainda mais. Neste ponto é possível ver as emoções como momentâneas e cheias de espaço – são como flashes de luz ou bolhas de gás na bebida. Há uma faísca de raiva e então outra faísca. Elas surgem e desaparecem, piscam e saltam; estão vivas apenas no momento presente, no espaço do agora. Estas fagulhas são interligadas, mas não são as mesmas e não duram. São novas a cada momento. O que percebemos agora é que a própria natureza das emoções está constantemente se movendo e se transformando. É assim que as emoções realmente são. É o que elas fazem. Essa descoberta é muito profunda e muda nosso relacionamento com as emoções para sempre.

As emoções foram mal-entendidas por muito tempo. A maioria das pessoas olha para elas do mesmo jeito que mira os objetos e posses de suas vidas, as montanhas e as xícaras de café – consideram-nas sólidas, contínuas e duradouras. Alguma vez já questionamos isso? Já colocamos em cheque alguma de nossas emoções perguntando a ela: "você realmente *é* o que parece?".

A maior parte do tempo tomamos nossas primeiras impressões como garantidas e as aceitamos como realidade. Vemos um cara na rua e é questão de segundos para rotulá-lo como companhia "segura" ou como figura suspeita, capaz de nos roubar ou matar. Mas qual é nosso critério? Seu penteado? Suas roupas? A não ser que sejamos pessoas muito intuitivas, apenas reagimos à moda ou a algum sentimento vago sobre classe social. Isso não é muito diferente de como a maioria de nós fica furioso e reage o tempo todo. Não paramos para olhar e realmente *ver*. Caso o fizéssemos, haveria uma enorme diferença. Se uma mulher esbarra em seu braço num corredor de supermercado, você imediatamente fica irritado e a categoriza como distraída, burra e desajeitada, até perceber seu olhar cansado e as três crianças que a acompanham. Tão logo se vê a realidade da situação inteira, a irritação rapidamente desaparece e dá lugar à plena empatia.

Quando somos capazes de ver a natureza momentânea dos sentimentos, é porque todos os esforços de manter presença mental estão rendendo frutos. Estamos, enfim, vivenciando a natureza verdadeira, o estado natural de todas as emoções – como elas realmente são. Vemos como a raiva aparece e desaparece numa sucessão rápida de momentos. Percebemos que ela não é contínua como uma corda ou uma corrente. De fato, é preciso mantê-la para que pareça contínua. A não ser que sigamos alimentando pensamentos bravos, jogando a culpa sobre os outros ou revidando, a raiva por si só se dissipa. Quando não alimentamos a energia raivosa ela naturalmente se dissolve e ressurge um pouco menos intensa. Podemos experimentar isso. Tente alimentar a raiva com pensamentos positivos – com bondade, compaixão e perdão – e veja o que acontece.

Nesta terceira parte da Atenção ao Vão, o OLHAR faz duas coisas. Primeiro, mostra-nos o caminho a seguir no trabalho com as emoções, já que as transforma fundamentalmente. Em seguida, quando tivermos superado a ideia das emoções como "coisas" imutáveis e contínuas, as veremos como de fato são: flexíveis. Podemos nos relacionar com a raiva como uma energia fluida e móvel, em vez de algo duro e sólido, e isso leva a uma sensação de alívio. A principal coisa a lembrar é esta: as emoções, no seu estado natural, não são nada além de energia criativa pura. E podemos aprender a usar e direcionar essa energia de forma habilidosa.

Agora conseguimos ver o jogo das emoções com novos olhos, apreciando sua beleza e seus movimentos fluidos. É como assistir a um grande instrutor de ioga fazendo uma série de posturas intrincadas num fluxo contínuo. É tudo tão gracioso e sem esforço como uma nuvem dançando na atmosfera. Quando olhamos para nossas emoções dessa forma, não precisamos nos forçar a mudar de atitude com relação a elas. Em vez de tentarmos escapar de um provocador, admiramos uma dança. Seu foco naturalmente muda para uma visão mais positiva e amigável. Desta posição estratégica, torna-se possível enxergar claramente.

Quanto mais praticamos estas técnicas, mais habilidosos ficamos em observar e transformar estados emocionais, permitindo que se forme esse espaço entre nós e eles. Quando estamos atentos ao vão, mantemos a presença no vão (SENTIR, DETER-SE e OLHAR). Podemos impedir as emoções de causarem perturbações na mente e nos manterem presos em padrões de comportamento dolorosos. Então, quando surgirem emoções, estaremos atentos ao vão. Primeiro as *sentimos*, depois nos *detemos* imóveis e sem reação e, finalmente – *olhamos* para o vão. Sentimos, nos detemos e então vemos o que acontece.

Pergunte a si mesmo...

O que estou sentindo exatamente agora?

Qual é a sua temperatura emocional neste presente momento? Sempre é possível parar por um minuto e aferir, enquanto estamos nos preparando para o trabalho, pagando contas ou assistindo TV. Algumas vezes não percebemos sinais de desconforto porque são suaves demais ou porque já estamos acostumados a eles. Em outras ocasiões pode parecer que estamos prestes a perder a cabeça. Você pode usar esses simples questionamentos para pausar, verificar o seu estado e mudar de marcha.

• Que emoção estou sentindo agora? Estou com *raiva, medo, tristeza*? Ou só distraído?

• Qual a intensidade do sentimento, numa escala de 1 a 10 (onde 1 é o mais suave e 10 o mais forte)?

• Qual é a textura do sentimento (ex.: agudo, apático, vibrante etc.)?

• O sentimento apenas desaparece ou se transforma em outra emoção?

Perceba que você obterá diferentes respostas em diferentes momentos, porque as condições mudam e as emoções são muito expressivas.

4
Obtendo uma visão panorâmica

Não é o que você olha que importa, é o que você vê.
— Henry David Thoreau

O segundo passo no Plano de RE, a Visão Clara, é o resultado natural de praticar a Atenção ao Vão habitualmente em momentos de fortes emoções. Caso sejamos capazes de estar "atentos ao vão" (Sentir, Deter-se, Olhar) quando estivermos bem irritados, quase saindo dos eixos, já teremos conseguido mais espaço para respirar desde o início. Há esse sentido de um espaço maior, e nesse espaço maior é que se tem uma visão mais ampla.

Numa situação emocionalmente carregada, não é desejável ignorar a visão panorâmica. Seria como passar por um cruzamento movimentado sem olhar para os lados. Claro, é possível passar sem dano algum se tivermos sorte. Caso contrário, é possível que atinjamos outro carro ou mesmo um pedestre. Da mesma forma, quando seguimos em direção a uma encruzilhada emocional ou a um momento crítico num relacionamento, é necessário prestar atenção caso queiramos evitar o desastre. É possível achar que se tem uma visão clara da via à frente, até descobrir que se perdeu alguns sinais de aviso: CUIDADO, CONDIÇÕES ESCORREGADIAS; REDUZA A VELOCIDADE ADIANTE.

Quando isso acontece, descobrimo-nos derrapando e saindo de controle – tentando desviar de um acidente doloroso. O que seria uma visão panorâmica aqui? A estrada, as condições do tempo, o reconhecimento da nossa pressa e talvez a briga que acabamos de travar pelo celular, sem mencionar o carro da polícia esperando ao lado da estrada. Reunidos, esses elementos todos têm um impacto no nosso caminho para casa em segurança, sem danos ao carro ou à carteira.

O que há na visão panorâmica?

Visão clara significa que não estamos registrando apenas elementos individuais – um momento de raiva, um vaso quebrado – vemos a paisagem toda. Fica claro onde a raiva está acontecendo, assim como quem e o que mais está por perto. É parecido com uma grande-angular. Na fotografia, essa é a lente que mostra as pessoas e os objetos em relação uns aos outros e ao ambiente. Digamos que vemos uma flor bonita. Ela está crescendo na natureza, num jardim? Ou está à venda por trinta reais numa floricultura? O contexto afeta como vemos a flor? Vê-la afeta como vemos o contexto?

Digamos que sentimos uma eclosão repentina de insegurança ou de dúvida quanto a nós mesmos. O que está na visão panorâmica? Quando cientes dos diversos elementos no ambiente, começamos a reparar nas conexões. Vemos como estamos nos sentindo por dentro e, por outro lado, o que está acontecendo externamente, bem como qual é a sensação do encontro entre as duas coisas. Isso é ter um panorama mais completo e claro.

Digamos que saímos para dar uma caminhada na vizinhança e ainda estamos nos sentindo preocupados e inseguros. Vemos alguém que mora nos arredores, não o conhecemos bem nem ele nos conhece, de forma que não temos certeza se dizemos "oi" ou ficamos de cabeça baixa. Há um momento em que, para os dois, a coisa pode se dar de qualquer das duas formas. Caso olhemos para cima e vejamos um sorriso amigável, podemos sentir uma eclosão de felicidade e confiança. O dia parece mais brilhante e então diremos "olá" sem hesitação até para o próximo vizinho. A cordialidade e a confiança expandem-se pela quadra inteira quando isso acontece e é algo que pode continuar crescendo e tocando a vida das pessoas por anos. A visão panorâmica nunca diz respeito a apenas uma coisa, um único momento ou pessoa. É ver a união entre nós e nosso mundo, e entender que nada acontece num lugar só (numa só mente ou num só coração) sem impactar pelo menos outra coisa ou outra pessoa ao mesmo tempo.

Quanto mais claramente vemos o relacionamento entre os mundos interno e externo, mais provável se torna reconhecer padrões nessas conexões. E quando olhamos atentamente para esses padrões, começamos a ver causas, ou gatilhos, que podem iniciar uma reação em cadeia de eventos negativos – ou positivos. Quando vemos as coisas com esse grau de precisão, não nos deixamos enganar facilmente. Podemos responder com mais habilidade ao que está acontecendo. Não estamos necessariamente nos deixando levar pelas vozes ciumentas, orgulhosas ou estúpidas das emoções zunindo na cabeça. Pode até ser que comecemos a ouvir as vozes das outras pessoas, largando a teimosia de nossas próprias ideias.

Encontrando o foco

Na segunda fase do Plano de RE, Visão Clara, tentamos enxergar a emoção – o medo ou a raiva – que está à nossa frente no aqui e agora. Queremos vê-la sem distorção e reconhecer seu gatilho. Também queremos perceber em que situações ela geralmente aparece – na mesa do jantar com a família, no trabalho com uma pessoa em particular ou quando estamos sozinhos e não há distrações.

Podemos achar que conhecemos bem nossas próprias emoções, mas quando damos um passo atrás e as observamos novamente, elas podem se mostrar bem diferentes. Geralmente ficamos próximos demais do que sentimos e, como resultado, identificamo-nos completamente com nossas emoções e com tudo que pensamos a seu respeito. Podemos perder todo sentido de proporção e bom julgamento. É como ter uma longa conversa de conteúdo delicado com um amigo, mas sair dela com apenas uma palavra se debatendo furiosamente em sua cabeça... Todo o resto está perdido – uma gama vasta de sentimentos ricos. É o oposto de Visão Clara.

É fácil sermos enganados quando nossa proximidade de algo não nos permite perceber os contrastes e um ponto de referência. Pode ser interessante e até instrutivo chegar a esse nível de detalhe – como quando vemos os pontinhos naquelas tiras de quadrinhos super ampliadas da pop art dos anos 1960 – mas não queremos simplesmente ficar presos a isso. Para ver o que está realmente acontecendo, é preciso retroceder e olhar a imagem inteira de certa distância.

Na medida em que o foco da imagem fica mais nítido, não só vemos nosso sofrimento, nossas esperanças e nossos medos, mas também o que os outros podem estar sentindo e precisando naquele momento. Num dado ponto, vemos mais ainda – notamos como as situações passadas se desenrolaram de forma parecida e levaram ao mesmo ponto doloroso.

Criando o perfil emocional

Enquanto se pratica Visão Clara, aos poucos se desenvolve uma ideia de quem se é emocionalmente. Para chegar a esse ponto, é preciso primeiro refletir sobre os próprios padrões emocionais. Quais deles seguem aparecendo e incomodando dia após dia? Em seguida, consideramos quais emoções são mais fortes e mais difíceis de trabalhar e tentamos identificar o que as torna um desafio tão grande.

Quando sabemos quais são as emoções mais intensas e problemáticas, especialmente no caso de haver algumas que nos levam a algum tipo de comportamento destrutivo – tais como golpear e bater (físico), gritar ou berrar (verbal), ou pensar em machucar a si próprio ou aos outros (mental) – já podemos ficar prevenidos. Caso nenhuma de nossas emoções provoque esse tipo de complicação, temos aí uma boa notícia. Porém, caso provoque, o reconhecimento do problema é o primeiro passo para superá-lo, lidando de forma positiva com as emoções ou com a situação. Assim como muitas outras pessoas, pode ser que estejamos enfrentando dois ou três tipos de sentimentos ao mesmo tempo, a qualquer momento.

Separar um tempo para reflexão pessoal é importante. Reduzir tudo a uma explicação geral – apenas pensar sobre como são as emoções e como elas funcionam para todo mundo – não é o suficiente. Neste ponto, generalizações não fazem sentido. As experiências vivenciadas são únicas e exclusivas para cada um. Uma mudança positiva verdadeira só ocorrerá caso mergulhemos na nossa vivência individual, e para fazer isso é preciso abandonar as ideias e palavras que nos mantém flutuando na superfície das coisas. Caso a pessoa esteja escrevendo um artigo científico sobre emoções, uma teoria de amplo espectro seria aceitável – e até pode ser que receba uma boa avaliação. Porém, caso estejamos tentando nos libertar do sofrimento causado pelas emoções, saber o básico não vai nos ajudar. É preciso criar uma relação íntima com as emoções.

Desenvolver um relacionamento com os sentimentos é bem semelhante a desenvolver um relacionamento com outra pessoa. Demanda trabalho honesto. Quer estejamos lidando com um velho amigo ou descobrindo novas possibilidades com alguém, em primeiro lugar é preciso ser capaz de ver o outro com clareza. Quais são minhas próprias qualidades e padrões de hábito? Como funciona a conexão entre nós? Antes que se possa decidir qualquer coisa, é preciso conhecer a pessoa e olhar para o relacionamento como ele é.

Com nossas emoções pode ser um pouco mais complicado, uma vez que não estamos tentando entender apenas uma. Temos tantos sentimentos e gradações de sentimentos que nem sempre conseguimos distingui-los. Hoje estou triste, irritado ou com raiva? Ou estou apenas com inveja da Amy porque ela sempre consegue as coisas do seu jeito?

Na medida em que continuamos a explorar nossos sentimentos, num determinado ponto começamos a conhecê-los muito bem. Somos capazes de ver pessoalmente como cada emoção é – como ela tende a surgir, onde a sentimos no corpo, para onde ela vai quando a perseguimos com os pensamentos e assim por diante. Sem esse tipo de conhecimento, é impossível se libertar de repetir as coisas dolorosas que pensamos, dizemos ou fazemos quando estamos chateados – criticando a si próprio e aos outros ou se fechando perante aqueles que se importam conosco.

Quando praticamos Visão Clara com uma emoção específica, tentamos não especular ou tomar qualquer coisa como garantida. É necessário observar a situação. Tentamos reconhecer os muitos fatores que levaram a seu surgimento. E então refletimos sobre eles. Não devemos nos perguntar "por quê?" e começar a pensar em explicações ou justificações. Em vez disso, mantemos a curiosidade. Queremos conhecer. Estamos fazendo uma checagem: *O que aconteceu aqui? Como essa forte onda de raiva surgiu? Eu estava aqui parado, mexendo no meu celular, e então minha namorada me olhou daquele jeito. Eu conheço aquele olhar – ela está infeliz com algo! Então comecei a pensar: "O que foi que eu fiz agora? Lá vamos nós de novo..."*

Não é necessário se precipitar a alguma conclusão. Separamos um tempo para nos assentar e olhar o panorama mais amplo. A coisa toda pode acabar num instante. No entanto, se cada um dos lados começa a pensar em mais insultos e xingamentos, a coisa pode seguir por várias rodadas de emoções feridas e loucura generalizada.

Emoções que gostam de se esconder

Se estivermos constantemente irritadiços, críticos ou distraídos, provavelmente estamos cientes deste padrão. É bem evidente para todo mundo, inclusive para nós mesmos. O que é mais facilmente ignorável são as emoções ocultas, sutis e reprimidas que operam por baixo da superfície de nossa consciência cotidiana. Algumas vezes elas são até mais perigosas do que aquelas que recebem toda nossa atenção. Podem ser como potentes correntezas nas profundezas dos oceanos que capturam nadadores desavisados para o alto mar.

Quando não há nada dramático acontecendo, pode ser que nos sintamos livres do repuxo das emoções. Não estamos sendo carregados de lá para cá. Não estamos gritando com ninguém nem nos sentindo em frangalhos. Na verdade, sentimo-nos muito bem. Porém ainda assim pode haver uma corrente submersa de emoções afetando nossa vida indiretamente. Não sabemos por que, mas de alguma forma não nos sentimos completamente abertos e relaxados. Algo no pano de fundo está incomodando. Por mais nebulosa que seja, aquela emoção oculta pode estar controlando nosso olhar, nossas sensações e nossos pensamentos. Pode ser que exerça esse controle de forma leve ou até que interfira bastante, dependendo de nossa história pessoal e de nossos padrões emocionais.

Além das emoções ocultas sempre correndo sob a superfície da consciência, há um fluxo de pensamentos fugidios que as acompanha. É provável que raramente percebamos as pequenas vozes sustentadoras de nossas preocupações e medos. Ainda assim, esses dois fluxos clandestinos de pensamento e sentimento podem se combinar para criar uma força natural poderosa e imprevisível. Como ondas fora de controle, podem surgir quando menos esperamos e causar devastação e comoção. Embora as correntes ocultas de pensamento e sentimento sejam difíceis de identificar, é muito importante sabermos que estão presentes, de forma que, aos poucos, possamos começar a trazê-las à superfície, onde podem ser trabalhadas.

Reconhecendo gatilhos e padrões

Depois de se ter passado algum tempo observando, com presença mental, como agimos e reagimos enquanto vivenciamos diversos estados emocionais, começamos a reconhecer padrões. Tornamo-nos capazes de reconhecê-los: *É assim que eu fico quando estou com raiva, é assim que fico com ciúmes, com desejo* e assim por diante. Nesse ponto, já temos um bom retrato de nossa própria constituição emocional. Esse olhar fresco sobre si próprio quando sob a influência de tais hábitos pode revelar qual é o momento ideal para buscar ajuda e procurar uma saída.

Também é importante reconhecer o que mais pode estar contribuindo para nossas reações. Enquanto as causas profundas de nossos sentimentos nem sempre estão claras, geralmente conseguimos entender as condições mais imediatas que servem de gatilho para um surto de energia emocional. Haverá condições ambientais ou sociais que usualmente nos influenciam de uma forma ou de outra? O que nos perturba, nos acalma, nos coloca para dormir ou nos mantém acordados?

Digamos que você e seu amigo Joe foram à sua praia favorita uma tarde dessas. O sol está brilhando e é um dia perfeito. Você está ansioso para passar esse tempo com ele num cenário natural e sereno. Ao chegar lá, porém, você descobre, para seu desapontamento, que a praia está cheia de famílias, corredores, surfistas e pessoas tomando banho de sol. Em vez de relaxar, você fica agitado. Logo percebe que o sol é quente demais e a água demasiado fria. Você quer ir embora, mas Joe acha a situação tranquila e quer ficar. Você começa a reclamar, mas isso não surte efeito. Então você começa a falar da teimosia ("tão típica") do Joe, o que o faz discorrer sobre como você é bom em fazer tudo do seu jeito. Sucesso: você arruinou o dia para si mesmo, para o seu amigo e para todos ao redor que foram forçados a ouvir tanto resmungo.

Num cenário assim, um pouco de presença mental poderia ter mudado esse desfecho. Quando conseguimos reconhecer as frustrações exatamente quando começam, reconhecemos o seu gatilho – vemos claramente. Esse discernimento pode nos salvar de surpresas negativas, tropeços na nossa própria confusão e de batermos de cara na parede – ou qualquer uma de nossas formas usuais de chegar a um ponto doloroso.

Geralmente não operamos com tal visão panorâmica. Quando as coisas começam a ficar espinhosas, em vez de respirarmos fundo e olharmos ao redor, buscamos algo em que nos agarrar. Queremos que a energia tenha uma âncora ou um foco claro. Tendemos a nos concentrar em nós mesmos ou na pessoa (ou coisa) que está nos perturbando. Quando o refletor recai sobre nossa própria mente perturbada – caso não estejamos prestando atenção, caso não nos lembremos de manter presença mental –, acabamos em um de nossos velhos padrões. Causamos dor a nós mesmos com nossa autocrítica vertiginosa e/ou com reclamações sobre como ficamos machucados, humilhados ou chateados. Não importa o padrão, tudo diz respeito ao que está acontecendo *comigo*, e esse *eu* se torna a característica central da paisagem. Todo o resto fica fora de foco, ao fundo.

O refletor também pode recair sobre o objeto das emoções. Caso seja uma pessoa com quem se está bravo – o vendedor de carros que empurrou aquela lata velha –, então é razoável sentir alguma indignação perante tal comportamento escandaloso. Porém caso percamos toda a presença mental e fiquemos presos nisso, o foco estreito e determinado em uma pessoa pode se tornar uma obsessão. A mente fica presa num ritmo, um padrão de pensamentos e sentimentos recorrentes que não se consegue evitar. Então se tem um problema. Mas nem sempre o foco é uma pessoa. Também podemos ficar obcecados com objetos e ideias – o computador mais rápido, perder três quilos ou certo partido ganhar maioria no Congresso.

Estável e livre

O que acontece quando se perde de vista o panorama mais amplo, e o foco estreito se torna uma obsessão? Caímos na armadilha da culpa. Culpamos a nós mesmos ou aos outros. A culpa nunca resulta em bom julgamento, felicidade ou sabedoria. Apenas traz mais confusão e dor. Ficamos presos e a liberdade se torna cada vez mais distante.

Por outro lado, algumas vezes não conseguimos focar em nada. A mente parece uma câmera em movimento contínuo – quando tentamos focar em algo, ficamos tontos. Com a prática, no entanto, ficamos mais estáveis. Fica mais fácil focar a cena inteira mesmo sob condições traumáticas.

A experiência da Visão Clara nos mostra a conexão entre o mundo interior das emoções e o mundo "lá fora". Também mostra que não estamos indefesos quando somos desafiados pelas nossas próprias tendências ou por eventos externos. Em vez de ficar confusos, podemos antever como e onde as emoções estão sendo engatilhadas. Podemos prever quando a presença mental pode ser perdida e acabamos sendo arrastados por um sentimento intenso. Neste ponto, isto cada vez acontece menos. Porém, quando nos sentimos escorregando, já lembramos o que fazer – e assim recuperamos o poder em situações que usualmente o perdíamos.

> **PERGUNTE A SI MESMO...**
>
> *Quais padrões minhas emoções seguem?*
>
> Podemos usar esse conjunto de questões para obter uma visão instantânea de qualquer emoção que nos cause problemas. Num determinado ponto, chegamos a uma imagem total de nosso ser emocional. Quando conseguimos distinguir as emoções que

precisam de atenção imediata daquelas que podemos deixar para lidar depois, fica mais fácil saber onde focar os esforços num dado momento.

Ao se perguntar o que segue, substitua raiva *por qualquer emoção que deseje avaliar:*

- Com que frequência sinto *raiva*? Uma vez por dia, uma vez por semana?

- Quando sinto *raiva*, qual é a história que conto a mim mesmo? Por exemplo, "fico com *raiva* porque. . ."

- Quando sinto *raiva*, a emoção é óbvia, vivenciada imediata e diretamente, ou fica à espreita lá no fundo, rastejando aos poucos dentro de mim?

- Caso a *raiva* seja forte, começou fraca e aos poucos ficou mais poderosa? Ou já era poderosa desde o início, quando percebi que não tinha controle sobre ela?

- Quanto tempo geralmente dura minha *raiva*? Tenho algum controle sobre esse tempo? Consigo deixar de ficar furioso quando quero ou a minha *raiva* fica comigo por muito tempo, como uma visita indesejada?

- A minha *raiva* segue o mesmo padrão que minhas outras emoções?

Você pode responder à maioria dessas perguntas com uma observação simples e direta. Enquanto contempla as questões, rascunhe os primeiros pensamentos no papel ou esboce as respostas em croquis rápidos. Depure-os mais tarde. Quando voltar a eles, pergunte-se: Estas percepções permanecem acuradas? Reflita mais sobre elas e elabore-as. Tente passar um dia inteiro respondendo uma só pergunta (por exemplo: "Como eu fico com *raiva*?") e outro dia focado na "história" que tipicamente acompanha aquela emoção.

5
Respirando aliviado

Quando me solto de quem sou, me torno quem posso ser.
— Lao-tzu

Caso realmente queiramos obter alívio perante nossas emoções dolorosas, é preciso que estejamos dispostos a nos despedirmos delas. Porém, antes é necessário conhecê-las – encarar suas bordas afiadas e energias intensas. De outra forma, sequer saberíamos o que abandonar.

O terceiro passo do Plano de Resgate Emocional é Soltar, e isso não deveria ser surpresa nenhuma. É o próximo passo lógico, o resultado de todo trabalho que fizemos. Já realizamos um bocado com as práticas de Atenção ao Vão e Visão Clara. Conhecemos diferentes formas de trabalhar com energias emocionais intensas; sabemos como criar espaço entre nós e uma emoção que potencialmente pode nos dominar; aprendemos (ou estamos aprendendo) a identificar os gatilhos que desencadeiam aqueles velhos e maus hábitos – aqueles de que sempre nos arrependemos, apesar de seguirmos convivendo com eles. O aprendizado destas habilidades mudou a forma como olhamos para as emoções. No fim das contas elas não são totalmente ruins. Pelo contrário, são úteis e cheias de potencial positivo. Reconhecemos como a Atenção ao Vão e a Visão Clara podem nos libertar da prisão dos velhos lugares escuros e dolorosos de sempre. Estas práticas nos salvam em meio à fumaça e ao fogo, quando precisamos escapar rapidamente.

Agora estamos prontos para trabalhar diretamente com a energia que alimenta os padrões emocionais. Há um ditado que diz: "*Você precisa deixar vir para deixar ir*". O soltar acontece através da prática de Atenção ao Vão, que, por sua vez, nos ajuda a ter Visão Clara e finalmente nos concede a capacidade de deixar ir. Porém, não estamos apenas olhando para o passado, soltando as emoções e lhes dando um adeus sentimental. Estamos realmente seguindo em frente, respirando mais fácil e obtendo alívio real.

Mas do que estamos realmente "nos soltando"? E como esse "se soltar" é diferente de rejeitar ou tentar se livrar dos sentimentos?

Por um lado, estamos nos soltando de nossas emoções negativas – os sentimentos que nos causam tanta ansiedade e sofrimento. Por outro, estamos nos soltando de nossas reações habituais a esses sentimentos intensos – tentar pará-los, escondê-los ou modificá-los. Uma vez que estejamos prontos e dispostos a reconhecer as emoções como energia criativa, soltar se torna apenas um processo de desatar os nós que obstruem nossa energia. Um surto de energia fica emaranhado quando os padrões habituais se apropriam dele, se agarram nele e tentam manipulá-lo de algum modo. Quando ficamos com raiva, por exemplo, temos uma escolha: podemos tentar controlar o sentimento do jeito usual ou podemos simplesmente deixar a sua energia surgir e passar. Quanto mais nos seguramos na energia que, de outra forma, se moveria livremente, quanto mais a dobramos deste ou daquele jeito, e quanto mais apertamos os seus nós, mais a ansiedade e o estresse permeiam nosso corpo e nossa mente.

O passo três, Soltar, diz respeito a prestar atenção a como vivenciamos as emoções, tanto física quanto mentalmente. Quanto mais conscientes e atentos conseguimos ficar, mais poder conquistamos para soltar a energia atada. Então, Soltar torna-se o oposto de rejeitar as emoções. Na verdade, é assim que começamos a lhes estender boas-vindas em nossa vida, exatamente do jeito que são. Uma emoção é energia original, fresca e criativa que, se deixada por si só, move-se sozinha. Há uma erupção de intensidade quando tudo está totalmente aberto e cheio de possibilidades. E então respiramos novamente.

Desenvolvendo a motivação

É fácil pensar: "Vou me soltar de todas essas emoções negativas. Sério!". O difícil é cumpri-lo. É preciso estar determinado a isso, caso contrário não vai acontecer. Assim, é útil lembrar quão destrutivo tem sido nosso jeito neurótico de lidar com as emoções. Lembramos de seu impacto negativo sobre nossa vida e de como outras pessoas também se machucaram por conta desse sentimento.

Quais são os perigos de se deixar ser tomado pela raiva? A raiva é como o fogo. Queima as boas qualidades, destruindo-as num instante. Quando se está de cabeça quente, fervendo, em chamas, arriscamos nos tornarnos pessoas que nem mesmo reconhecemos. Perdemos nosso bom senso e podemos fazer ou dizer coisas que nunca imaginamos. Basta um comentário amargo, uma disputa de gritos ou um tapa para destruir um relacionamento que se nutriu com tanta paciência e diligência por muitos anos.

Como se isso não fosse suficiente, a raiva também estraga nossa aparência. Não importa quão bem-vestido ou apresentável nos achemos, no momento em que ficamos agressivos nossa beleza se torna imperceptível. Nossas lindas roupas, nossos acessórios descolados, nossa maquiagem estilosa? Repentinamente nada disso faz diferença. Perdemos não só nossa boa aparência física, mas também a beleza de nossa mente e nosso bom coração.

Entre todas as emoções, a raiva é a mais destrutiva. Ainda assim, cada uma das emoções causa uma forma própria de dor e dificuldade. Se há desejo demais, acabamos tomados de uma ânsia que impossibilita aproveitar justamente o que estamos tão desesperados por possuir. Quando sentimos inveja, ficamos paranoicos, constantemente lutando para superar a "competição" representada por qualquer outra pessoa! Invejamos os talentos e ressentimos os sucessos de colegas e de rivais. Quando estamos cheios de orgulho, sentimo-nos superiores aos outros. Estamos acima da competição, autocentrados, e não ajudamos em nada aqueles "abaixo de nós", a quem mal percebemos. Esses estados mentais podem nos tomar por alguns poucos momentos ou podem se tornar marcas de nosso estilo pessoal, como as roupas que vestimos ou o carro que dirigimos. E mesmo que uma emoção por si só possa não ser totalmente negativa, ela pode engatilhar outras emoções, causando uma reação em cadeia.

Quando compreendemos o potencial destrutivo das emoções perturbadoras num nível profundamente pessoal, finalmente podemos nos motivar a tentar algo novo: soltar-nos desses sentimentos, em vez de nos prendermos a eles. Caso não apreciemos o resultado, podemos sempre retornar para nossos velhos hábitos neuróticos. Eles sem dúvida ainda estarão lá. Não precisamos nos preocupar em perdê-los da noite para o dia.

Podemos experimentar essa ideia louca de "soltar" com alguns testes simples e despretensiosos. Caso façamos sempre as mesmas coisas (por exemplo, pedir hambúrguer quando vamos ao restaurante, assistir apenas a filmes de ação ou nunca sair de casa sem o celular), devemos tentar algo diferente. Pedimos uma chimichanga*, vamos ao teatro e deixamos o telefone em casa quando saímos. Devemos observar como nos

---

* N.E.: Chimichanga é um prato típico mexicano.

sentimos com a mudança. Até mesmo passos pequenos como esses podem ser libertadores.

Da mesma forma, podemos ao menos tentar nos soltar de um ressentimento que está surgindo, ainda que todos os instintos nos estejam dizendo que realmente precisamos dele. Tentamos soltar e observamos nossas reações. Podemos nos dizer: "Vou tentar praticar isto direito. Da próxima vez que eu perder a cabeça, vou lembrar do Plano de RE. Vou praticar a Atenção ao Vão e então ter Visão Clara – começarei a aprender a relaxar e Soltar."

É um bom começo, mas também é importante saber que não é possível nos libertarmos de 100% das emoções negativas logo de cara. Caso esperemos soltá-las todas de uma vez, vamos nos decepcionar, já que isso nunca vai acontecer. Mas isso também não é necessariamente uma má notícia. A boa notícia é que podemos atingir o objetivo, isso só não vai acontecer de uma vez, mas aos poucos.

Da primeira vez que tentarmos nos soltar de uma emoção destrutiva como a raiva, vamos conseguir liberar pelo menos parte da sua energia. Na vez seguinte, liberaremos um pouco mais. E então, na terceira vez, liberaremos ainda mais. Cada vez que nos soltamos da raiva, o que sobra dela fica menos intenso; a cada vez que a emoção retorna, se apresenta em uma forma reduzida – menos imponente e mais manejável. Na medida em que se aplica esse passo, com o tempo a reatividade começa a se dissipar (como quando soltamos o ar de um balão) e a emoção fica mais trabalhável, o que é um objetivo bom e atingível.

Mesmo depois de um tempo, no entanto, não importa quanto esforço se coloque, haverá um resíduo de raiva. Nesse ponto, a energia emocional que permanece é como o cheiro que fica depois que um vidro de perfume está vazio. Da mesma forma, ainda que a emoção tenha virtualmente desaparecido, alguns sinais indicativos de sua presença seguem por um tempo na forma de uma tendência básica. É como parar de tomar café, ou parar de fumar. Uma vez passado o estágio da fissura, ainda há um flash de desejo ou impulso naquela direção, ainda que não haja mais a base que transforma esse instinto em ação.

Soltar-se das emoções negativas acontece em dois níveis. Primeiro, gradualmente liberamos a energia mais aparente da emoção. Uma vez que tenhamos desenvolvido habilidade nisso, podemos trabalhar com o soltar num nível mais sutil, de forma que até mesmo aquele cheiro remanescente desapareça. O processo demanda tempo e esforço, mas nos libera da dor diretamente causada por essas emoções, bem como de suas correntes subterrâneas perturbadoras.

Soltar: Ver, ouvir, cheirar, provar, tocar

O terceiro passo do Plano de RE, Soltar, começa com permanecer presente e observador exatamente como nos passos anteriores. Há uma sensação de estar no "aqui" onde quer que se esteja – seja no quarto ou no shopping. Caso a mente esteja divagando, viajando no tempo ou sonhando acordada, é preciso voltar para a Terra. Trazemos a atenção ao momento presente e ao local onde estamos.

Se ficamos cientes da presença de uma emoção, tentamos nos conectar com o mundo físico ao redor em vez de focarmos nos fortes sentimentos e pensamentos que correm por nossas mentes. Fazemos isso mudando o foco da atenção para o que os sentidos estão registrando. Perguntamo-nos: "O que meus olhos estão vendo? O que meus ouvidos estão ouvindo? Que cheiros ou sabores percebo? Que sensações tácteis estou tendo?" Separamos um tempo para perceber o refresco da brisa passando, o calor do sol, a dureza ou a maciez de nosso assento.

É suficiente apenas se conectar com a experiência. Não há nada a fazer a não ser focar brevemente num único objeto de sentidos – um som, uma forma visual – sem adicionar nenhum extra. Não precisamos pensar a respeito, rotular ou julgar. Quando um pensamento surgir, tudo bem, apenas não o perseguimos. Deixamo-lo passar e retornamos ao foco simples.

É bastante parecido com ser um repórter investigativo. O bom jornalista apenas observa a situação e escreve a respeito dela, sem interferir na história. Não faz perguntas que podem induzir certas respostas nem busca confirmações para o que já sabe. Somente mantém a mente aberta, imparcial e observadora. Essa é a descrição do seu trabalho e nada mais precisa ser feito.

Quando começamos a direcionar a atenção para a experiência sensorial, duas coisas acontecem. A agitação começa a se assentar e nos sentimos mais calmos. Ao mesmo tempo, o ímpeto da energia da emoção é interrompido, o que ajuda a criar a experiência de Atenção ao Vão. E é com isso que estamos tentando nos conectar, a princípio – com esse vão que nos dá um tempo e talvez até impeça que uma emoção negativa desabroche completamente.

Mais ainda, conectar-se com a experiência sensorial ajuda a relaxar a mente. Surge a sensação de estar simplesmente presente no momento. Pode ser um tipo de meditação. Quando usamos as percepções sensoriais dessa maneira, elas são como os amortecedores do carro encontrando um buraco na estrada – os sentidos absorvem parte do impacto das emoções para que não soframos tanto.

Soltar: Relaxe o corpo

Uma vez conectados com as percepções sensoriais, a próxima tarefa é nos conectarmos com os nossos corpos. Quando somos tomados por uma emoção, geralmente nosso corpo é esquecido. Neste exercício, colocamos nossa atenção no eu físico, mas de forma muito simples, sem pensar muito a respeito. Simplesmente nos permitimos sentir a energia da emoção no corpo. Não é preciso adicionar nada à experiência. Não é preciso ficar inseguro e pensar: "Este corpo é bom" ou "Este corpo é terrível". Tampouco é preciso avaliar o seu estado de saúde – evite qualquer pensamento que geralmente se tenha em relação ao próprio corpo. Tentamos abandonar todos esses receios, rótulos e julgamentos para sentirmos simplesmente como é estar no nosso próprio corpo. Descansamos nessa experiência, permitimos que qualquer perturbação emocional se assente e relaxamos.

Quando nos conectamos com o nosso corpo de forma tão direta e não conceitual, começamos a relaxar. O relaxamento físico não só nos ajuda a ver as emoções de forma mais clara, mas também nos ajuda a liberar a energia emocional intensa. A maior parte do tempo, não estamos realmente presentes em nosso corpo. Conhecemos nosso corpo apenas pelos rótulos que lhe são associados. Vestimo-nos em uma máscara de rótulos e quando nos olhamos no espelho vemos apenas isso: beleza, feiura e assim por diante. É uma máscara de conceitos e julgamentos. Nos assustamos com o que vemos porque esquecemos que estamos usando a máscara. Em certo sentido, nunca vemos o que está por trás do disfarce (nossos rótulos). Nunca vemos realmente nosso corpo em sua forma comum e mundana – exatamente como é, sem o adorno dos pensamentos.

Quando podemos abandonar todos os rótulos e olhar para o corpo sem julgamento, temos uma experiência completamente diferente. Começamos a ver nosso eu verdadeiro, o corpo verdadeiro por trás da máscara. É um entendimento profundo que nos dá uma sensação de paz e uma perspectiva muito mais otimista. Não nos identificamos mais com todos esses conceitos e emoções perturbadores. Podemos perceber a confusão advinda desses rótulos e julgamentos. Se pudermos nos lembrar de estar atentos ao corpo quando chateados ou ansiosos, a consciência do próprio físico pode nos salvar.

As emoções podem bater à porta porque podemos senti-las no corpo e então as soltar, relaxando com a respiração. Lembramos que uma das formas mais fáceis de liberar a energia emocional no corpo é respirar fundo algumas vezes. Um único ciclo de respiração profunda pode fazer grande diferença quando precisamos liberar fisicamente uma emoção. Certos tipos de exercício físico como ioga e natação também podem ser benéficos. A ioga ajuda a melhorar o fluxo de energia no corpo e pode aliviar a tensão causada por fortes emoções. Caso não sejamos capazes de fazer exercícios desse tipo, podemos praticar presença mental do corpo sentados em silêncio em casa ou na natureza, deitados olhando para o céu ou caminhando no parque. Também é possível fazê-lo enquanto lavamos louças ou assistimos TV. A prática de meditação pode ser particularmente benéfica quando precisamos nos soltar de perturbações emocionais. Embora tenhamos a tendência a pensar na meditação como prática mental, ela também é física. Opera com a respiração e com a postura. (Instruções detalhadas de meditação podem ser encontradas nas páginas 101–107 na sessão "Exercícios e Pontos Diretos.")

Quando nos exercitamos, fazemos ioga, meditamos ou simplesmente nos lembramos de parar por um momento, respirar e relaxar, é importante que continuemos presentes e conscientes das experiências do corpo e da mente. Ao liberar a energia emocional atada ao corpo, permanecemos conectados com a experiência da mente. Se não for assim, o exercício físico se tornará apenas mais uma estratégia para nos distrairmos das emoções. E isto não é se soltar delas; é um jeito de evitá-las, mantendo-as à distância. Para nos soltarmos de um sentimento, primeiro é necessário nos aproximarmos ao ponto de podermos apanhá-lo.

Soltar: Relaxe a mente

O próximo passo é liberar a emoção mentalmente. De forma idêntica ao relaxamento do corpo, observamos a experiência da mente emocional como um bom repórter. Quando percebemos uma emoção nos perturbando, simplesmente a identificamos e nos permitimos vivenciar sua energia. De acordo com pesquisas recentes nos campos da psicologia e neurociência, o mero ato de nomear uma emoção, chamá-la de "raiva", "tristeza" ou "preocupação" é o suficiente para diminuir sua intensidade. Isso nos dá uma chance de observá-la melhor. O rótulo aqui não se destina a tornar as coisas mais elaboradas ou complicadas. Só estamos nos lembrando de que emoção se trata: *Agora estou com raiva*. Não expandimos isso com pensamentos adicionais como *Essa raiva é boa, essa raiva é ruim* ou *preciso parar essa raiva* etc. Em outras palavras, não adicionamos nenhum blá-blá-blá.

Uma vez que tenhamos identificado o sentimento, apenas olhamos para suas qualidades e para a sua expressão. Caso trate-se de paixão, estamos agitados? Os pensamentos estão correndo? Que mensagem a paixão está nos mandando? Qual é nossa resposta a essa mensagem? Independentemente do que esteja ocorrendo, sentimos, mantemos consciência no sentimento e reconhecemos nossas emoções. Não é necessário descrevê-las imediatamente. Apenas olhamos para cada emoção enquanto surge, permanecendo bem cientes da experiência.

Uma vez que esteja claro qual é a emoção, paramos com os rótulos! Não nos detemos no sentimento com pensamentos. Quanto mais rótulos aplicarmos, mais elaborada a história e mais apegados a essa história ficamos. O vão entre nós e a emoção fica cada vez menor, e a mente emocional fica cada vez mais agitada e confusa.

Em vez disso, apenas deixamos a emoção ser o que é. Esse é outro jeito de descrever o Soltar. Quando uma emoção surgir, deixe-a surgir. Quando mudar, deixe-a mudar. Quando se for, deixe-a ir. Permita que se dissipe no espaço aberto. Quando isso acontece, em vez de sentirmos um vazio ou um branco, o que sentimos é um respiro aliviado e um vívido reconhecimento da própria presença.

Esse processo requer tempo e paciência e não há problemas se demorar. Porém em algum momento será necessário também lidar com as emoções ocultas. Como nos soltamos de sentimentos reprimidos? Antes de permitirmos que partam, precisamos encontrá-los e lhes dar uma boa olhada, para ver o que realmente são. Quando abrimos a porta para olhar os sentimentos reprimidos, é como entrar numa sala cheia de gente à procura de alguém que não conhecemos bem. Quando olhamos para dentro, há várias emoções (e pensamentos) reverberando, falando, discutindo, fazendo suas coisas, e a princípio é difícil achar o que procuramos. Os sentimentos são bem tímidos e não se expõem nem revelam seus segredos tão facilmente. Ainda assim, é necessário dar um jeito de fazer contato e se aproximar deles. Podemos começar a atraí-los nos fazendo perguntas tais como: "Será que há certas emoções que, em particular, quero evitar? O que faço para não senti-las? Estou suprimindo emoções neste exato momento?"

Em certo ponto, seremos capazes de olhar para o passado para aprendermos mais. Descobriremos as emoções que temos tentado evitar e como elas começaram. Com o tempo, entenderemos melhor quem somos. Apreciaremos a inteligência e a coragem que nos levaram a esse momento de descoberta.

Soltar-se daquele que solta

Quando se alcança esse nível de Soltar, resta apenas uma coisa a fazer: libertar-se do caráter de "soltador". Isso significa poder relaxar mais ainda. Agora você pode descansar depois de todo o esforço extra para se autorrastrear. Pode abandonar suas preocupações com o "eu", pois você criou todas os vãos de presença, aprendeu a ver tão claramente e, finalmente, corajosamente, soltou-se das emoções perturbadoras.

Quando nos libertamos da ideia fixa de *ser aquele que está se soltando*, transformamos nossas emoções em um nível muito sutil. Você está soltando a parte de si que tem julgado a si mesmo tão avidamente e que tem diligentemente vigiado a si mesmo enquanto monitora suas emoções. É o agente duplo da consciência, o observador autoconsciente que executa todas as coisas que dizemos e fazemos.

Quando conseguimos relaxar nesta profundidade, vemos que ficar emaranhados em padrões de emoções neuróticas é semelhante a tentar dar um nó em uma cobra. Caso deixemos a cobra por si só, ela desfaz os nós sozinha. A única forma de manter os nós é seguir manuseando a cobra. Da mesma forma, no momento em que se decide soltar uma emoção que já atingiu um ponto doloroso, a energia pura daquela emoção naturalmente desfaz seu nó – e isso porque, num sentido último, as emoções vêm e vão por conta própria. Ninguém é capaz de nos "libertar" de nossas emoções, nem nós mesmos.

Ao mesmo tempo, somos os únicos capazes de fazer essa descoberta tão benéfica. E só você pode encontrar a determinação para transformar sua relação com as suas emoções. Então, nesse momento, nos deparamos com a questão: estou disposto a deixar esse nó se desfazer por conta própria?

PERGUNTE A SI MESMO ...

Como sinto a emoção no meu corpo?

Quando sentir a presença clara de uma emoção, tente seguir estas instruções.

Não importa o que sinta, direcione sua atenção ao corpo todo – sua presença física básica – e então comece a rastrear pelo corpo de baixo para cima: das plantas dos pés ao topo da cabeça, ou das pontas dos dedos até o coração. O ponto é perceber onde sentimos os efeitos da emoção, e quais são eles. Emoções negativas podem provocar uma vasta gama de sintomas físicos. Examinamos cuidadosamente várias vezes para reconhecer os sinais, e se eles mudam:

- *Estou tenso? Onde está localizada a tensão?*
- *Minha respiração é superficial ou profunda?*
- *Estou tremendo ou instável? A minha face está ruborizada?*
- *Sinto algum desconforto – aperto no peito ou latejo na cabeça?*

Uma vez observado o estado físico, algumas coisas podem lhe ajudar a relaxar e liberar a energia represada no corpo. Por exemplo, caso sintamos a mandíbula cerrada, colocamos a atenção naquele lugar e inspiramos e expiramos fundo, conscientemente dispondo uma sensação de abertura e relaxamento sobre o lugar.

SOLTAR COM A RESPIRAÇÃO

- Pense em um momento do passado recente em que você ficou irritado e perturbado.

- Conecte-se com o momento até começar a sentir as emoções surgidas naquela ocasião.

- Inspire fundo, focando a mente na respiração e relaxando o corpo. Não se apresse para expirar. Mantenha o ar dentro de si por um momento e então o solte.

- Repita isso algumas vezes e repare a mudança na experiência.

6
Pensamentos e emoções

São poucos os que veem com os próprios olhos e sentem com os próprios corações.
— Albert Einstein

Tendo chegado a esse ponto, aprendemos os fundamentos do Plano de RE e já começamos a colocar os três passos em prática. Já fizemos um bocado. Já entendemos bastante as nossas próprias emoções e como nos libertamos da manipulação das tendências habituais. Isso é tudo. Já temos o método e sabemos por que e como ele funciona para nós. Poderíamos já pular para o final feliz – para como a descoberta das emoções como energia criativa abre a vida a novas possibilidades enquanto os problemas se dissipam. Como cantou o poeta inglês Lord Byron: "Que a dança continue! Que a alegria não tenha limites."

Antes disso, porém, olhemos mais de perto para a forma como os pensamentos e emoções operam em conjunto e o papel que tem a rotulação nessa parceria. Em certo sentido, é como uma sessão de "laboratório" concentrada no uso de uma das ferramentas principais: a presença mental. Quanto mais habilidosos com essa ferramenta, mais conseguiremos ver – sobre como se pensa, como se sente e como se age – tanto quando se está em paz quanto sob pressão. É como usar um microscópio de alta qualidade para ver a superfície de um espelho de alta qualidade.

Não basta se dedicar a ler livros e estudos publicados por especialistas. Para vir a conhecer as próprias emoções tal como são, é preciso testar as suposições e observar o que ocorre. Quando as emoções estão recém surgindo – quando estão bem vivas e cheias de viço – é aí que vamos a seu encontro. Olhamos para o que fazemos quando somos "testados": o que acontece quando perdemos o emprego, ficamos gripados durante as férias, ou nosso melhor amigo se muda para outra cidade? Ficamos muito mal ou tentamos nos alegrar fazendo os outros se sentirem mal? As ações só são adequadas e apropriadas ao momento quando baseadas na experiência direta, não na especulação ou na imaginação – não devem se basear em *talvez* ou *e se...*

A mente diz: "rosa"

Caso observemos de perto os pensamentos, mantendo o olhar neles, perceberemos algo que ocorre regularmente. Toda vez que vemos algo, a mente instantaneamente produz um rótulo. Podemos estar olhando para um verdadeiro objeto tridimensional, como uma rosa, ou podemos estar imaginando um objeto puramente mental, tal como a memória de uma rosa que ofertamos ao nosso amor no dia dos namorados. De toda forma, a mente diz "rosa" quando aquele objeto é imaginado.

No nível mais básico, todos os rótulos são apenas pensamentos, conceitos simples: *flor, mesa, iPod, Maria, Rover*. Tudo tem seu próprio nome ou rótulo. Algumas vezes o inventamos, outras o aprendemos. É de conhecimento comum, parte da nossa cultura e de nossa linguagem. Porém, acima deste rótulo básico, imediatamente adicionamos pensamentos que dizem algo mais: *bom, mau, certo, errado* etc. Logo nos vemos rotulando *amigos* e *inimigos*, fazendo julgamentos e planejando a próxima festa, e a própria vida, em torno desses conceitos. Os rótulos tornam-se tão tagarelas que tecem uma história interessante. Acabamos tão comovidos pela história que começamos a esquecer de nosso papel como seus cocriadores.

Por exemplo, podemos encontrar alguém e pensar para conosco: *Meu novo vizinho, João, é um cara legal – uma pessoa realmente boa*. E agora temos o rótulo *bom*. Além disso, lá está o João, que não tem ideia alguma das nossas elucubrações. João possui atributos físicos visíveis: é alto, magro, usa óculos e tem cabelo castanho curto. Porém, onde está o aspecto que nos revela a sua bondade? Não há uma placa na sua testa. *Bom* é apenas nosso próprio pensamento, que por algum motivo foi engatilhado dessa forma quando conhecemos João.

O que ocorre quando criamos um rótulo desse tipo? Misturamos a pessoa real, João, com nossa noção de bom. A distinção entre os dois fica borrada. Da próxima vez que o virmos, automaticamente pensamos *boa pessoa*. E logo a distinção entre *bom* e *a pessoa* João acaba. O novo vizinho agora está carimbado com este rótulo. Imagine nossa surpresa quando um dia o descobrimos fazendo algo ruim, como, por exemplo, roubar dinheiro ou bater no cachorro. Talvez soframos uma crise existencial. Como uma pessoa boa pode fazer coisas ruins? E se agora nomeamos João como *mau*, estamos apenas trocando um rótulo por outro, e isso na verdade não esclarece nada. Criamos um rótulo novo e o impusemos a João, como se esta fosse a realidade.

Consideremos os rótulos que criamos todos os dias. A que ponto eles nos influenciam? Nossos rótulos sempre parecem afetar o tratamento dispensado aos outros, como falamos sobre eles e como vemos amigos, posses, realizações e assim por diante. Fazemos o mesmo conosco. Alguns rótulos são mais precisos do que outros, é claro, mas quando os eventos contradizem nossas expectativas, ficamos chateados. Podemos ficar completamente arrasados e ter dificuldades para lidar com a situação – tudo porque nosso rótulo, e a coisa que rotulamos, não se encaixaram bem.

Por esse motivo, quando estamos trabalhando com as próprias emoções, é importante soltar os rótulos ou diminuir nosso apego a eles. Em vez de assumir que simplesmente são válidos, podemos começar a fomentar o hábito de questioná-los. Não precisamos dar um status especial aos rótulos apenas porque eles surgem em nossa mente. Mesmo que essas categorias nos tenham ocorrido mil vezes, não faz diferença. O importante é perceber o poder que os rótulos exercem sobre nós, e como esse poder é reverberado ao longo de nossas vidas e de nossas comunidades.

> ### COMO MINHAS EMOÇÕES MUDAM?
>
> (Inclua aqui qualquer emoção que queira verificar.)
>
> - O que percebo em primeiro lugar quando fico com *raiva*?
> - Quando identifico a *raiva* e a rotulo, o que ocorre?
> - Rotular um sentimento muda a maneira como eu o experiencio?
> - Caso sim, o que muda? A própria emoção ou a minha percepção dela?
> - Como sei que a raiva já se dissolveu?
>
> Como tudo isso ocorre em nossa mente, estamos, a qualquer momento, numa posição perfeita para fazer essa verificação. Só é necessário parar o que se está fazendo por alguns minutos e

> observar. Separar quinze minutos por dia para diminuir a velocidade e contemplar questões desse tipo pode fazer muita diferença em termos de produzir alívio e claridade para situações problemáticas. Não devemos nos preocupar caso as respostas, a princípio, não venham com facilidade. A coisa mais importante é praticar a observação. Na medida em que nos mantivermos observando, fica mais fácil.

Soltar os rótulos

Ao olharmos como os pensamentos e a mente que rotula funcionam, começamos a ver além da superfície das emoções. Vemos que projetar rótulos sobre as pessoas e coisas nos distancia da experiência direta. Cria uma espécie de zona de proteção entre nós e o mundo. Nunca verdadeiramente viemos a conhecer o João nem deixamos que ele nos conhecesse. Já predeterminamos um ao outro. (Não se esqueça, ele também tem um rótulo para nós). Quando essa tendência vai longe demais, nos descobrimos isolados, distantes dos outros e de nossa própria energia criativa.

Para recuperar um sentido de experiência direta e nos reconectarmos com nossa energia vital, é preciso ir além dos rótulos. As emoções rotuladas são como comida industrial processada – cheia de sabores artificiais e corantes. Podem ser mais palatáveis do que suas emoções cruas e orgânicas, mas suas calorias nutrem bem menos. Felizmente, as emoções não são processadas como a comida. Sua essência permanece exatamente o que sempre foi. Então, a cada momento, podemos nos reconectar com a experiência do frescor de uma emoção.

Ao examinar mais fundo, descobrimos mais sobre o sentimento original. Percebemos que quando a emoção surge pela primeira vez, ela está nua. Revela-se sem nenhum rótulo explicitando o que é. Não há uma janela de aviso que salta para dizer: "sou raiva", "sou paixão" ou "sou algo bom". É só uma experiência de energia pura, como a energia inocente de uma criança pequena. Algumas vezes essa energia repousa pacificamente e acorda sorrindo – mas no momento seguinte pode estar gritando e se debatendo nas paredes.

Caso não saibamos do que se trata, ou como lidar diretamente com essa emoção, pelo menos podemos tentar contê-la. É o que fazemos numa sala cheia de crianças bagunceiras – contemos a sua energia oferecendo brinquedos, ou ligando a TV num canal de desenhos.

Com as emoções é parecido: focalizamos a energia de nossas emoções cruas em suas versões por nós conceituadas. Tão logo um sentimento desnudo apareça, ele é rotulado e muda sutilmente. Quando as emoções são infiltradas pelos rótulos, parecem ficar um pouco nubladas. Tomam as qualidades dos conceitos sobrepostos e começam a soar artificiais ou fantasiadas. Não importa que sentimento seja, não é mais a versão pura, inalterada com que primeiro nos deparamos. A diferença entre as duas versões – a do sentimento original, e a do sentimento rotulado – é como a diferença entre a Coca-Cola original e a Coca-Cola com limão. As duas são mais o menos o mesmo refrigerante, mas não o são de fato. Para haver Coca-Cola com limão é necessário alterar o sabor da Coca normal; não é mais a coisa original. Sempre devemos buscar a substância verdadeira – a emoção original –, e não a sua versão com limão.

Minhas emoções mudam o que penso?

- Atribuo qualidades diferentes às pessoas quando estou com raiva/ciúmes/paixão?

- Das qualidades que vejo numa pessoa, quantas realmente pertencem a ela e quantas são projeções? Por exemplo, um dia posso pensar que meu cunhado (ou o corretor de ações) é um cara legal que se preocupa com nossos interesses e, na semana seguinte, julgá-lo como um interesseiro idiota!

- Quando fico com raiva ou feliz, como isso muda o que penso de mim mesmo?

Reflita a respeito:

Contemple estas perguntas e então escreva respostas para cada uma delas por cinco ou dez minutos. É possível responder as três numa sentada ou escolher fazer uma por dia.

> OPCIONAL:
>
> Contemple cada questão e então a responda em 140 caracteres – como um *tweet* para você mesmo.

Caso os conceitos e rótulos sempre estivessem de acordo com a essência das coisas, então tudo estaria bem. Mas não é assim que acontece. Uma vez que há uma disparidade entre o que se está descrevendo para si próprio e o que realmente está acontecendo, ficamos confusos. Podemos até pensar que nossas projeções fazem perfeito sentido, mas no final não é esse o ponto. Caso queiramos entender a experiência emocional, encontrando a solução para dificuldades persistentes, precisamos abandonar os rótulos (ou pelo menos a nossa fé cega neles). As emoções só revelam sua bela sabedoria natural quando as deixamos exatamente como são, sem aditivos artificiais.

Gerações de confusão

Como ficamos confusos? A partir de nossa confusão inicial de misturar os pensamentos-rótulo às coisas a que os afixamos – a rosa vermelha ou nosso vizinho João – criamos a primeira geração de desentendimento. Dessa mistura surge uma segunda geração de emoções e uma segunda geração de rótulos, e esse processo se repete vez após vez. A segunda geração se torna uma base para a terceira e tudo fica bastante complicado. Caso olhemos para a experiência original e a comparemos com o que encontramos várias gerações depois, as duas não se assemelham nem um pouco. No final, podemos ainda estar com problemas com a emoção difícil, mas estaremos mais distantes de entendê-la. Não estaremos em contato com os sentimentos verdadeiros e nem mesmo se está certo quanto à razão do conflito em primeiro lugar.

Na província de Sichuan, na China, há um mercado famoso pelas discussões que lá ocorrem. Quando uma disputa entre duas pessoas começa, inevitavelmente duas outras pessoas na multidão elegem um dos lados da questão, mesmo que não saibam bem do que se trata. Os desconhecidos começam a brigar também e continuam seu debate acalorado mesmo depois da disputa original ter se findado. A briga se espalha, com cada vez mais pessoas tomando lados e gritando umas com as outras, agitando os braços. Assim, a discussão continua mesmo depois da segunda dupla ir embora. A briga pode seguir por um bocado de tempo, sem ninguém nem saber bem o que ou quem causou tudo aquilo.

Nossas emoções são exatamente assim, embora não o reconheçamos. Achamos que é tudo igual – um fluxo ininterrupto de teimosia ou malícia – do começo ao fim. Não importa quanto tempo ou quantas vozes ao redor adicionem seus comentários. Até que tenhamos trabalhado com as emoções e possamos transpassar parte desse engano todo, nossos rótulos e conceitos continuam perpetuando confusão.

Quando olhamos bem para a situação, percebemos que esses rótulos não estão nos ajudando e que confiar neles é fútil. A exceção é o primeiro pensamento que surge imediatamente com a emoção. Por exemplo, caso tenhamos uma experiência fresca da raiva, somos capazes de dar a ela um rótulo conceitual (*agora estou com raiva*). Neste caso, identificar a emoção pode nos ajudar a soltá-la antes de ela deixar de ser moldável. Pensamentos rápidos e diretos como esse ajudam a esclarecer as emoções e entendê-las. Porém, caso permitamos que os pensamentos sigam de forma caótica e se empilhem uns sobre os outros, perderemos a conexão com a emoção original e iremos sucumbir à confusão.

A liberdade perante essas tendências básicas ocorre gradualmente. Não devemos esperar ser capazes de fazê-lo perfeitamente de imediato. A atitude e a abordagem com relação às emoções mudará a cada estágio. É claro que desde o início podemos adotar a ideia de que as emoções são, na verdade, energia criativa, e não apenas lixo sem valor ou sobras que talvez nem valham ser recicladas. Porém, de início é apenas uma teoria bonita, uma noção intelectual, até trazermos isso para a experiência pessoal. Leva tempo, mas o investimento desse tempo trará um grande retorno. Caso permaneçamos nessa empreitada, nos surpreenderemos com nossa calma e estabilidade perante situações que costumavam nos desequilibrar.

E também há um maravilhoso benefício colateral. Quanto mais nos tornamos capazes de ver as emoções como elas de fato são, mais fácil é nos conectarmos com o coração de bondade fundamental.

Pergunte a si mesmo...

Como interagem os pensamentos e sentimentos?

Caso você já tenha praticado meditação, talvez esteja familiarizado com a técnica de reconhecer a presença dos pensamentos. É uma prática simples e uma forma efetiva de afiar a presença mental. É necessário apenas observar a mente e reconhecer os pensamentos que surgirem. Ao perceber um pensamento, diga para si mesmo: "pensando"; e deixe que o pensamento se vá, retornando à mera observação.

Quando estendemos essa prática de identificar pensamentos ao trabalho com emoções ativas, igualmente assistimos ao conteúdo da mente. Agora estamos observando tanto os pensamentos quanto as emoções. O ponto aqui, porém, não é apenas identificar o conteúdo da mente – rotulá-los da mesma forma que marcamos pessoas nas fotos do Facebook. Por mais que isso seja útil nas práticas padrão de meditação, aqui estamos fazendo algo um pouco diferente. Estamos observando não só a presença dos pensamentos e emoções na mente, mas também vendo *como os pensamentos e sentimentos interagem. Como as emoções e pensamentos se comunicam e como se influenciam mutuamente?*

Para praticar esse tipo de "inspeção do pensamento", separe um tempo para observar a mente em silêncio. O melhor é sentar confortavelmente, com uma postura ereta, mas relaxada. É bom começar com um estado mental positivo o que pode simplesmente significar ter um pensamento positivo, ou fazer um desejo inspirador ou aspiração.

Uma vez sentados confortavelmente, relaxamos a mente e observamos os pensamentos indo e vindo, sem tentar alterá-los. Quando um pensamento aparecer, o rotulamos o mínimo possível, mas percebemos seu conteúdo e suas qualidades. (*Ah, isso é ansiedade. Estou de novo pensando sobre aquela entrevista de trabalho. É como alguém se debatendo dentro da minha cabeça*). É importante manter a rotulação simples e permanecer presente e alerta. Basicamente você não está fazendo nada além de se familiarizar com a forma de funcionamento da própria mente.

Depois de realizar esta prática por um tempo, podemos dar um passo para trás e olhar para os processos de pensamentos em geral. Podemos nos fazer perguntas e explorar a jornada emocional desde o momento em que uma emoção surge pela primeira vez até o momento em que lhe vinculamos a um rótulo.

Instruções mais detalhadas para praticar a observação dos pensamentos podem ser encontradas em "Apanhando os pensamentos" na página 136, na Parte Dois deste livro.

7
Um presente inesperado

A bondade é a língua que os surdos ouvem, e os cegos veem.
— Mark Twain

Quando eu ainda era um menino, recebi um presente inesperado: uma cobra, que me foi dada por um de meus professores. A cobra era longa e de um verde brilhante, com marcas vermelhas no formato de flores de quatro pétalas nas costas. Muito bonita. Foi-me entregue em uma caixa de vidro por um amigo. Logo de início ele me avisou: "Cuidado ao alimentá-la. Trata-se de uma cobra venenosa."

Devo ter perdido toda cor do rosto, porque então ele adicionou: "Não se preocupe, eles retiraram a glândula de veneno, então a cobra não é mais peçonhenta. Ainda assim, é preciso cuidado. É uma espécie muito agressiva. Olha o que aconteceu comigo". Ele então me mostrou uma cicatriz na palma da mão. Quando perguntei o que lhe dar de comer, ele me deu um pacote de pó vindo da Índia: farinha de grão-de-bico, algo assim, que era para ser misturado com leite. Ele me explicou como abrir a caixa, pegar a cobra, retirá-la da caixa e alimentá-la. E eu disse: "Muito obrigado". Que escolha eu tinha? Meu professor a enviou para que eu a criasse! Mas eu sentia muito medo.

Quando a levei para casa, minha mãe ficou incomodada, mas ela respeitava muito meu professor e não conseguia ficar realmente brava com ele. A família inteira ficou bem animada na primeira vez em que eles viram a cobra em meu quarto. Por muito tempo, sempre que eu punha a mão para retirar a cobra e a alimentar, ela tentava me morder. Isso acontecia todas as vezes. Aos poucos, no entanto, aprendi como alcançá-la sem que a cobra se agitasse ou ficasse assustada. Depois disso, ela ficou muito mansa.

Da mesma forma que eu precisava desenvolver algum tipo de conexão com essa cobra venenosa para ser capaz de alimentá-la todos os dias, precisamos desenvolver uma conexão compassiva com as nossas emoções mais assustadoras e difíceis. O que estamos fazendo com o Plano de RE em Três Passos não é apenas um projeto técnico – aprender a fazer isso e aquilo, de forma a não piorar as coisas. Estamos tentando encontrar uma forma de aliviar a dor e o sofrimento por que passamos devido às emoções. Quando estamos lidando com sentimentos que podem nos machucar – que podem ficar assustados e ameaçar ou morder – precisamos de algo além do simples cuidado. Precisamos prestar atenção a nós mesmos, bem como ao nosso momento. Podemos nos dar um pouco de amor e compaixão, especialmente em momentos difíceis. Claro, pensamos também nos outros, mas não teremos muita compaixão para lhes dar caso não sejamos bondosos conosco.

Está tudo bem em ser você mesmo

Quando estamos num território emocional arriscado, não há nada mais importante do que ter bondade consigo. A bondade sempre é bem-vinda. Podemos contar com ela para resultados positivos – uma cara fechada imediatamente se transforma em um sorriso. Ser bondoso é como ter boas maneiras, no melhor sentido da expressão. É como agimos para fazer com que a outra pessoa se sinta confortável, à vontade e fundamentalmente respeitada. É ser sincero de coração, ser benigno e gracioso. Quando nos engajamos num projeto desafiador tal como trabalhar com as emoções difíceis, é preciso lembrar de ter um pouco de bondade consigo.

Isso significa ter alguma simpatia e apreciação pela sua própria rotina e suas dificuldades. Significa dar-se uma chance enquanto estiver tentando o seu melhor para mudar a forma como lidamos com as emoções. Caso ainda estejamos abordando nossas emoções como inimigos num campo de batalha, como apreciaremos seu jogo criativo, ou descobriremos sua sabedoria? O que estamos fazendo é simples, mas não é fácil. Vai demandar muito esforço ao longo do tempo. Podemos reconhecer nossa disposição de realmente fazê-lo, de nos manter nessa empreitada. Podemos nos congratular. O processo inteiro vai funcionar muito melhor caso consigamos relaxar e pegar leve.

Ao refletirmos, vemos que a bondade sempre é relaxada. Claro, há exceções. Há momentos em que a coisa mais bondosa que podemos fazer é ajudar alguém a encarar uma verdade desconfortável. Ou nos olhar ao espelho e encarar o próprio reflexo sem viseiras. A bondade nem sempre diz respeito a dizer sim ou oferecer elogios. Porém, independentemente de como se expresse, a bondade nunca denigre ou compromete. Sua mensagem é sempre: *Não importa pelo que esteja passando neste momento, tudo bem ser você – ser quem você realmente é.*

Não nos preocupemos comparando nossas emoções com as de outra pessoa. De todo modo, não é possível saber, cada pessoa é única. Somos todos neuróticos de nossos jeitos particulares. O que realmente importa são as experiências pelas quais passamos e o que pensamos delas. É preciso ser honesto consigo mesmo. Não importa quão difícil a situação nos pareça, isso faz parte de quem somos, e somos nós que temos que lidar com nossa realidade. Ninguém pode fazê-lo em nosso lugar. Nenhuma outra pessoa pode ser o que somos, ter os desafios emocionais particulares que encaramos. Mas está tudo bem. Cada um tem suas próprias preocupações, pensamentos loucos e peculiaridades esquisitas. Nossa bagagem não é pior ou melhor, é apenas nossa. É com o que temos que trabalhar, portanto, independente de nossas idiossincrasias, está tudo bem.

O resultado final de trabalhar com as emoções pode ser apenas esse insight: está tudo bem em ser quem se é. Não é necessário uma versão nova e melhorada de você. Apesar do nosso turbilhão emocional e de todas as nossas escorregadas, o eu verdadeiro não precisa ser corrigido, reprogramado ou substituído. Na medida em que trabalhamos para mudar os padrões habituais que nos deixam presos no sofrimento e na confusão, lembramos que esses padrões não são efetivamente nossa identidade. Esses padrões também não são a natureza verdadeira das emoções. São um tipo de adjetivo temporário que assumimos: o chefe irritadiço, o namorado ciumento, o ansioso pai superprotetor. No entanto, além de qualquer máscara que usemos, há uma tremenda fonte de sabedoria, poder e energia. E porque isso é assim, podemos sempre recuperar a energia criativa, a felicidade e a alegria que perdemos, abandonamos ou paramos de reconhecer.

O que ocorre depois que somos "resgatados" e nos recuperamos? O que fazemos com toda a energia criativa que liberamos da prisão dos padrões habituais? O que faz valer o tempo e o compromisso necessários para chegar a esse ponto?

Sua vida desobstruída

Quando começamos a desenvolver um relacionamento claro e honesto com as emoções, também começamos a conhecer quem *realmente* somos. Quanto mais nos aprofundamos nas práticas de Atenção ao Vão, Visão Clara e Soltar, mais perto estamos de reconhecer que nossas emoções – livres das ansiedades, medos e rótulos – são a expressão energética de nosso vasto potencial humano para a felicidade, a criatividade e a compaixão.

Foi assim quando aprendi a cuidar de minha cobra de estimação. A princípio, ficava nervoso ao lidar com ela, afinal de contas estava sempre tentando me morder. Finalmente percebi que quanto mais eu ficava relaxado ao seu lado, mais ela parecia relaxar comigo. Quando aprendi a me aproximar sem tanta preocupação, nós dois aproveitamos melhor a situação. Naquele momento comecei a vê-la como a criatura bela que era. Que presente fantástico havia caído em minhas mãos!

Quando conseguimos simplesmente deixar as emoções em seu estado natural, elas se revelam uma maravilhosa obra de arte; quanto mais olhamos, mais elas se mostram. Elas nos atraem com sua cor, energia e movimento e, algumas vezes, com seu completo silêncio. Elas nos tocam num nível além das palavras. Elas nos ligam a uma fonte profunda e universal de sentido e satisfação.

Encontramos demonstrações de visão inspirada e sentimento autêntico em todo tipo de arte. Mas tais dons muitas vezes parecem estar "lá fora", do outro lado de muros inacessíveis, ou no DNA dos seres supra-humanos que rotulamos de "artistas". Não acreditamos que possuímos o mesmo brilho. Como poderíamos? Porém, descobrir o poder de nossas emoções é como encontrar o "fogo interior" e aprender a utilizá-lo. Em vez de nos sentirmos sem poder e desfavorecidos, é possível nos sentirmos tranquilos e nos movermos pela vida com graça e dignidade.

Quando estamos livres do entrave causado pelas tendências habituais (e do fardo das emoções negativas), estamos livres para desenvolver quem *realmente* somos. A energia que uma vez o inibiu, agora o leva adiante. Você pode escolher fazer qualquer coisa porque fará com menos sofrimento, menos medo e menos confusão.

Reconhecer o potencial da energia criativa "resgatada" significa poder apreciar, explorar e encontrar novas expressões para os talentos e experiências que nos são únicos.

Estamos livres para descobrir nossas paixões puras e nossa visão sincera de uma vida produtiva e significativa. Isso não significa que de uma hora para outra "somos todos artistas". Varrer o chão e lavar roupa não vão instantaneamente se tornar obras de arte. Essas tarefas comuns podem ser feitas como arte e com presença mental, é claro. Porém, aqui estamos falando mais de ter uma mente brilhante e límpida, dotada das qualidades positivas da atenção que nos permitem ter uma visão melhor, que nos ajudam a ver as faíscas de beleza e riqueza ao nosso redor no decorrer da vida. Nenhuma parte da paisagem é insignificante. Cada aspecto é uma parte significativa do todo.

As vidas dos outros

Obter essa visão panorâmica pode ser um processo cumulativo, como caminhar uma grande distância um passo de cada vez, ou também pode acontecer num único lampejo de presença mental. Vemos esse momento, esse passo, e também o mundo pelo qual estamos passando. E percebemos como estamos ligados a tudo que vemos. Quanto mais claramente percebemos, mais compreendemos que todas as ações têm um impacto direto no mundo. Sempre há consequências. Palavras e ações que machucam têm um efeito cascata. O dano que causam se estende muito além do ponto de impacto. Da mesma forma, palavras e ações bondosas espalham uma mensagem positiva e edificante muito além do que conseguimos imaginar.

Prestar atenção ao impacto das ações é uma forma de começar a desenvolver empatia pelos outros. Começamos a reconhecer tão agudamente suas dificuldades que naturalmente sentimos compaixão, o que significa "sofrer junto". A compaixão não é um sentimento geral e suave de *Puxa vida, que droga isso, não é mesmo?* É uma resposta poderosa e envolvente ao sofrimento dos outros e que tem a intenção de aliviar tal sofrimento. É passional e altruísta, e surge com um sentido de compromisso com a ação, não apenas com o sentimento. Retira-nos da reclusão emocional e nos leva ao mundo complicado e alegre dos relacionamentos.

Mas, para desenvolver esse tipo de amor puro com relação aos outros, é preciso ter o mesmo amor e cuidado compassivo consigo e com seu bem-estar. Então, estejamos falando de nós mesmos ou dos outros, a compaixão sempre se aplica. Ela pode ajudar a desarmar emoções explosivas e fortalecer as positivas. Ajuda-nos a potencializar nossa felicidade, segurança e nosso controle sobre a vida. Assim, fomenta a paz tanto em nossa mente quanto nas ruas da vizinhança.

Ser bondoso não atrai muita atenção. Não vai nos levar a aparecer na TV ou produzir fama e fortuna. Como normalmente a vemos, a bondade é tida como uma boa qualidade, mas não uma coisa excepcional, tal como a coragem ou o heroísmo. Assumimos que qualquer um pode ser bondoso, até mesmo crianças bem pequenas. Porém, ser realmente bondoso nos alinha com os princípios da não violência. Temos que refletir sobre isso e tomar a decisão corajosa de viver sem prejudicar a ninguém, não importa de quem se trate. E essa é uma visão muito rara, madura e altruísta. Algumas vezes significa que simplesmente conseguimos parar antes de fazer algo que pode causar dano, o que por si só é uma ação potente. Mas em outros momentos, um ato de bondade pode ser transformador. Pode transformar o mau humor em bom, ou um impulso destrutivo em um gesto altruísta de amizade. Em vez de um tapa na cara, um aperto de mãos. Em vez de um inimigo, um amigo.

Podemos cultivar uma atitude bondosa de dois jeitos: o primeiro é mantendo a intenção de não prejudicar a ninguém – inclusive a nós mesmos; e o segundo é mantendo a intenção de tornar positivas todas as nossas ações, o que eleva a bondade a outro patamar. Não significa apenas parar de infligir sofrimento ou dor, mas sinceramente tentar transformar todas as ações (físicas, verbais e mentais) em algo construtivo e prestativo. Tente fazer isso por 24 horas e veja o que ocorre. Descubra como é livrar-se do fardo da negatividade. A maioria de nós carrega consigo mais negatividade do que gostaria (ou reconhece). Ao abandonar esse hábito por 24 horas, podemos relaxar e aproveitar completamente o dia e a noite.

O truque aqui é não fingir. Não se trata de um jogo em que o vencedor é a pessoa com o sorriso mais bonito e as mais belas palavras. Estamos nos conectando com nosso mais profundo coração de bondade, dando um jeito de sentir otimismo quanto à vida e trazendo um pouco de alegria ao mundo. Claro, não vamos esperar que sejamos 100% positivos 24 horas, mas podemos estabelecer isso como um objetivo elevado e ver até onde dá para ir. Caso façamos um esforço honesto nos dois sentidos – ser bondoso e positivo – atingiremos um poder e liberdade interiores que brilharão por todas as suas ações, e que com o tempo ficarão cada vez mais fortes.

Vinte e quatro horas de bondade

Para este experimento funcionar, é preciso compromisso. Diga a si mesmo que não cairá nos mesmos velhos hábitos. Não sacará suas armas verbais e não sairá atirando. Você pausará, esperará alguns minutos e lembrará que (a) tem escolha e (b) suas ações terão consequências. Caso não paremos e pensemos antes de agir ou falar, podemos acabar dizendo: *Ah, não! Eu não queria ter dito isso, mas agora vou ter que pagar o preço!* Há coisas que não podemos consertar. Nem todo remorso do mundo é capaz de restaurar um relacionamento desfeito ou evitar o litígio na presença de um juiz.

Isso não quer dizer que você não deva se expressar – apenas tente não prejudicar ninguém (nem você mesmo) no processo. Caso seja capaz de estender bondade em todas as direções, você ficará mais aberto e o outro lado provavelmente será mais receptivo. Então, em vez de nos deixarmos engolir num pesadelo recorrente, nos encontramos num espaço fresco e desimpedido, em que a comunicação se torna possível.

Todos nós queremos escapar dos pesadelos que nos assolam, para enfim realizarmos o sonho de mudar de vida, seguindo em uma direção mais positiva. Queremos sentir a alegria simples de viver, em vez de apenas suprimir o medo e a dor. Então, que tal realmente tentar viver esse sonho? Até mesmo imaginar isso já nos alegra um pouco. Não será perfeito todos os minutos do dia, mas no contexto de um único dia, pode ser um sucesso. Se não tentarmos, nunca saberemos o que é possível. E isso é só o bom e velho bom senso.

Pergunte a si mesmo...

Como uma atitude positiva ou negativa afeta minhas emoções?

Para ver como a atitude afeta as emoções, faça esse exercício simples em casa ou no trabalho.

1. Por um dia inteiro, tente manter uma atitude positiva e otimista: mantenha a intenção de não causar qualquer dor, incômodo ou confusão desnecessários de qualquer tipo, tanto para você quanto para todos os outros. Tente fazer um contrato por escrito consigo mesmo com relação a isso. Coloque numa caixa do lado de sua mesa de cabeceira. Caso não cumpra com o que você se propôs em qualquer momento do dia, tudo bem. Não se fixe nisso. Respire fundo e retorne à intenção positiva.

2. Ao fim do dia, antes de dormir, olhe para as ações que realizou e reflita sobre o que se passou durante o dia. Pergunte a si mesmo:

- Por quanto tempo durante o dia consegui manter uma atitude positiva?
- Com que frequência minha atitude mudou?
- Quando eu perdi a positividade e me senti um pouco cínico ou pessimista, minhas emoções mudaram?
- Percebi alguma diferença no que diz respeito ao modo como falei com as pessoas ou na reação das pessoas comigo?
- Faça anotações para rever mais adiante.

Mesmo que o exercício pareça simples demais, tente ainda assim fazê-lo uma ou duas vezes. Os pensamentos podem tentar nos convencer a não fazer mudanças – e isso é um indício de que a atividade está surtindo efeito.

Durante esta prática, ajuda lembrar que antes de fazermos ou dizermos algo já há um pensamento na mente. Antes de darmos a gorjeta ao flanelinha, por exemplo, já estamos pensando *dois reais*. Antes de elogiar ou xingar aquela que muito em breve será nossa sogra, os pensamentos já a estão elogiando ou criticando. Então, ao longo do dia, olhemos para os pensamentos antes de agir. Os mais fortes são fáceis de identificar, mas também devemos procurar aqueles mais escondidos. Sabemos bem a confusão que eles podem causar.

A intenção deste exercício é melhorar a consciência quanto a hábitos inábeis e muitas vezes inconscientes, e gradualmente introduzir alternativas mais positivas. Caso um dia inteiro pareça tempo demais, tente aplicar a prática ao seu relacionamento com uma pessoa por um tempo limitado – por exemplo, com o atendente que está ligando pedindo doações para alguma instituição de caridade (e que não aceita uma resposta negativa). Podemos gradualmente incluir mais pessoas e estender o tempo delimitado. Que tal adotar uma atitude positiva com todos os colegas de trabalho por uma semana inteira?

O poder do positivo

O Plano de Resgate Emocional em Três Passos descrito neste livro não diz respeito a produzir uma vida perfeita ou completamente sem dor. No final das contas, a vida ainda é a mesma, com todos os seus desafios, mistérios, comédias e tragédias. Alguns dias serão mais tempestuosos do que outros, mas sabemos que depois do céu mais cinzento o sol nasce de novo.

É útil ter uma perspectiva positiva quando estamos tentando enxergar além dos padrões. Não é apenas o lado oposto a uma atitude negativa ou pessimista. Não se está usando óculos cor-de-rosa – seguimos vendo os desafios muito claramente. Porém, em vez de nos focarmos apenas em como eles são difíceis, vemos possibilidade e potencial na energia intensa das emoções: a claridade brilhante da raiva, o contentamento e generosidade da inveja; o amor puro e a compaixão do apego. Há muita coisa boa presente bem dentro de toda a agitação, bem dentro de toda dúvida e perda de confiança. Perdemos muito quando vemos apenas o lado negativo das coisas ou evitamos encarar o que está realmente acontecendo.

A positividade é mais do que uma atitude ou modo de pensar. É uma força que vai além das palavras – e algumas vezes podemos sentir seu poder no mundo. Quando algo extremamente positivo (ou negativo) ocorre em algum lugar, parece que conseguimos sentir a energia ali impregnada. Torna-se uma espécie de lugar de poder. No planeta inteiro há muitos lugares desse tipo: montanhas sagradas, templos antigos e locais sagrados de peregrinação que atraem visitantes em busca de um encontro extraordinário – uma experiência mágica de paz, cura ou despertar.

Todos os anos multidões de pessoas vão a esses lugares atemporais e místicos: as ruínas de Machu Picchu e Stonehenge, os sítios sagrados de Jerusalém, as grandes pirâmides do Egito e a árvore Bodhi na Índia, onde se diz que o Buda atingiu a iluminação. Duvido que alguém faça essas viagens só para ver uma árvore velha ou uns tijolos quebrados. Estou bem certo que a atração parte dos eventos que ali ocorreram – a erupção de alguma energia criativa transcendente que ainda toca o mundo e comove os corações das pessoas. Assim, a atração nunca diz respeito apenas ao ambiente físico; diz respeito a uma experiência interior, sentida no coração.

Da mesma forma, caso em nossas vidas possamos criar certo grau de energia positiva com nossas intenções e ações, teremos também uma influência positiva. Caso essa positividade seja forte o suficiente, não só nos trará benefício, mas também será sentida por outras pessoas. Elas podem sentir a positividade como paz, abertura ou alegria. Todos já ouvimos sobre lugares de poder e sobre sua magia, mas talvez ainda não tenhamos percebido que possuímos um desses lugares dentro de nós. Só precisamos fazer essa descoberta e então poderemos cultivá-lo.

Transformar toda a emoção negativa numa força positiva de uma só vez seria ótimo, mas não é realista. Caso estejamos nos pressionando a nos aplicarmos demais, retornamos ao hábito usual de autotortura. Em vez disso, melhor começar com algo pequeno, um único hábito, e mudá-lo para melhor. Quando formos bem-sucedidos nisso, trabalharemos com o próximo hábito e assim por diante. Desse jeito ficamos mais contentes e o trabalho como um todo se torna mais possível.

A alegria precisa estar presente

Quanto mais positivos pudermos ser, mais seremos capazes de efetivar a transformação do Resgate Emocional com o senso genuíno de entusiasmo. Isto é sério: é preciso haver algum tipo de alegria. É preciso reconhecer a recompensa do trabalho com a mente. Explorar a mente de uma forma nova, vê-la sob um ângulo diferente – não é bom? Não estamos cansados dos velhos hábitos? Estamos reconhecendo que podemos mudar, que é possível transformar um hábito de cada vez. Se conseguimos gerar algum tipo de entusiasmo, devemos nos alegrar com o processo. Assim, ele não se torna um fardo. Não estamos sendo pressionados. *Oh, preciso fazer isso, caso contrário alguém vai ficar bravo* ou *Vou acabar condenado ao inferno*. Em vez disso, apenas damos um passo de cada vez e fazemos o que conseguimos fazer. Não analisamos demais nem tentamos fazer mais do que conseguimos. Não é preciso fazer tudo de uma vez só. Quando a negatividade aparecer na mente, fazemos surgir um sorriso e uma palavra bondosa. Apenas tente.

Caso consiga ser gentil consigo, não importa qual seja a situação, será uma oportunidade para despertar sabedoria e compaixão. Eventualmente atingimos um estágio em que tudo flui em conjunto, naturalmente. Tão logo ouça os murmúrios de um surto de emotividade, você estará pronto para colocar em prática tudo que aprendeu: num instante sente a energia, se detém nela e a encara diretamente. A visão se expande até se tornar panorâmica. Entramos em contato com os sentidos, corpo e mente, e relaxamos, deixando tudo isso ir. A sequência ainda está presente, mas não é mais necessário parar para pensar: *O que faço primeiro? E depois? E em terceiro lugar?* Sabemos os passos a dar para transformar aquele breve instante de loucura em uma explosão de inspiração.

A resposta emocional pode vir a ser tão fluida quanto os saltos e piruetas de um dançarino. Mas não se preocupe caso ela pareça estar ruim. E não fique com tanto orgulho caso pareça estar bem. Tudo muda e se transforma na vida, exatamente como nos sonhos. É possível que as coisas mudem no próximo momento, certo? Esse é o dom de renovação que as emoções oferecem. Então fique tranquilo. Permaneça aberto. Mantenha-se calmo e seja honesto consigo mesmo. Não é necessário se apresentar aos outros como isso ou aquilo. Apenas seja quem você é e mantenha-se assim – brinque com as emoções oníricas, aproveite-as bem, mas o faça com presença mental e de coração inteiro.

Agora avalie...

Como estou indo?

Uma vez por semana, faça uma avaliação. Ao longo do dia você lembra a intenção com consistência? Consegue lembrar as diversas emoções que surgem e quais são as mais extremas? Caso descubra-se esquecendo, perdendo o foco ou a determinação, considere rever os exercícios anteriores e os objetivos que estabeleceu para si mesmo. Quanto mais específicos e mensuráveis forem os objetivos, mais provavelmente será capaz de realizá-los.

Utilizando a distração como ajuda

Na vida cotidiana, nosso ambiente está sempre em constante mudança, e isso faz com que permanecer presente e atento se torne mais difícil. Nossa atenção é puxada e empurrada pelos eventos ao nosso redor, bem como pelo fluxo constante de pensamentos e sentimentos que passa por nós. É isso que chamamos de estar *distraídos* – nossa atenção está deslocada do aqui e agora – e geralmente não reconhecemos que nos desviamos até já estarmos desviados.

Mas, é possível virar o jogo da distração transformando-a em ajudante. Sempre podemos encontrar formas de aplicar a prática da Atenção ao Vão onde quer que seja, a qualquer hora: esperando um elevador, na fila do Starbucks, durante um intervalo comercial do CSI ou esperando a luz verde no semáforo para prosseguir. Podemos decidir usar praticamente qualquer coisa como um lembrete para pausar e verificar consigo: *Onde estou? O que estou sentindo e fazendo?* Podemos colocar o alarme do telefone para tocar ou vibrar uma ou duas vezes por dia como um lembrete amigável para levar a sua atenção à mente naquele momento.

ENTRE EM AÇÃO

Na próxima semana:

• Comprometa-se a ter ao menos um momento de Atenção ao Vão por dia.

• Reforce a intenção ao acordar de manhã e novamente à noite, antes de dormir.

• Quando se descobrir ficando irritado com alguém que costuma desafiar seus limites, tente usar esse momento de presença mental para introduzir um propósito compassivo na interação.

Exercícios e dicas

Notas para aprofundar o treinamento

Nesta sessão você encontra vários exercícios de presença mental, com pontos diretos para alcançar o sucesso nos três passos do Plano de Resgate Emocional. Cada exercício ajuda a fortalecer o hábito da presença mental e torna os poderes de observação mais precisos e efetivos.

Para que qualquer treinamento em presença mental funcione, é preciso estar presente na vida cotidiana. Isso inclui manter a atenção no seu corpo e na sua mente quando as emoções o dominarem. Esse é o momento em que é necessário clareza sobre os pensamentos, sobre o que se vê, ouve e sente. Aí a presença mental realmente se torna nossa maior amiga. Este hábito é essencial para os três métodos (Atenção ao Vão, Visão Clara e Soltar) de trabalho com as emoções. Não importa onde esteja ou o que esteja fazendo, sempre é possível olhar para a própria mente e as próprias ações. É possível ver o que está acontecendo ao seu redor. É possível se lembrar de sentir a energia das emoções e respirar, relaxar e soltar.

O primeiro conjunto de exercícios (Atenção ao Vão: Olhar) está principalmente relacionado ao passo número um. Esses exercícios focam em nós mesmos e em nossa experiência das emoções. O segundo conjunto (Visão Clara: Explorar), está relacionado principalmente com o passo dois. Esses exercícios expandem o foco para além da nossa pessoa e incluem os relacionamentos e as escolhas em termos de comunicação. O terceiro conjunto (Soltar: Relaxar), está relacionado principalmente com o passo três. Esses exercícios exploram a experiência do ambiente e das percepções sensoriais e como você se libera do estresse emocional.

Embora cada um dos conjuntos de exercícios tenda a enfatizar um dos três passos em particular, quando os executamos nos vemos caminhando entre os três métodos. É possível começar no passo um e acabar, ao longo do exercício, no passo dois. Ou é possível ir do passo dois para o três em vez de permanecer apenas no método particular sugerido pelo título do exercício. Isso depende de nossa própria experiência e perspectiva – mas é bom você estar ciente do que está acontecendo à medida que prosseguir.

Em cada exercício é necessário atenção, observação e foco. Em que? Em si mesmo, nos seus próprios hábitos, no que você está sentido. Olhar mais de perto para essas coisas é o que permite o conhecimento inestimável que vai ser usado para começarmos a nos libertar das tendências emocionais previsíveis que nos causam sofrimento. Claro, podemos manter aquelas tendências que nos trazem felicidade. Saberemos diferenciá-las.

Ao começar cada exercício, leia o comentário e as instruções, e então firme sua intenção: *Quero olhar para minha experiência de... irritação com meus filhos/meu cachorro/minha parceira pela manhã... Quero observá-la com presença mental e reconhecer como ela muda caso eu não reaja a ela.* Enquanto mantém sua intenção em mente com afinco, continue o exercício.

8
Atenção ao Vão: Olhar

→ Olhe... Presença mental na pia da cozinha

Escolha uma ou duas formas de aplicar a presença mental em sua vida cotidiana para a próxima semana. Quanto mais você for específico ao escolher as atividades, mais será provável que você as realize. É muito mais fácil aplicar a presença mental a lavar a louça do que a algo vago, tal como: "Faço o compromisso comigo mesmo de manter presença mental o dia todo."

Para começar o experimento, podemos nos determinar a lavar a louça segunda, quarta e sexta-feira. E a prestar atenção a cada detalhe da tarefa.

» Trazemos a consciência ao momento presente, ao corpo em frente à pia, ao calor da água nas mãos. Percebemos a textura, o formato e o peso de cada item enquanto ensaboamos as superfícies, enxaguamos a louça e a colocamos no escorredor.

» Ao fim da semana, refletimos sobre como a experiência de lavar pratos com presença mental foi diferente da experiência usual de lavar louças.

» Estendemos a atividade de presença mental a outras áreas da cozinha – às bancadas e ao chão – na medida em que terminamos a tarefa.

» Uma alternativa é, se preferir, organizar a mesa ao fim do dia de trabalho.

Seja qual for a atividade escolhida, lembre que a presença mental é feita de partes iguais de foco e relaxamento – e não diz respeito a perfeccionismo ou a ser intencionalmente lento e autoconsciente. É para ser algo prazeroso ou assim se espera!

→ Olhe... Uma mudança na percepção

Quando nos aproximamos de uma atividade com presença mental, não estamos tentando ver de alguma forma especial, mas ela de fato causa uma mudança em nossa percepção. Quando olhamos para os sentimentos de raiva ou inveja, já não se tratam de suas versões pré-embaladas. Eles são vistos no seu frescor, com grande claridade. Começamos a entender como percebemos e rotulamos as coisas e como isso altera nossa experiência.

A claridade nos leva a uma nova compreensão sobre quem pensamos ser. Coloca nossas relações e nosso senso de conexão com o mundo em perspectiva. Quando genuinamente queremos explorar o quanto nossas emoções afetam o desenrolar de nossas vidas, a presença mental leva a esse fim.

Olhe e veja

» Olhe para uma ação específica. Algo que você faça sozinho, como limpar a mesa. Novamente, comece consigo mesmo. Traga sua consciência ao momento presente, ao corpo sentado à mesa e aos objetos ao redor. Quais são suas cores, formatos e texturas?

» Repare nos pensamentos que surgirem sobre os objetos. Nos sentimentos que eles provocam. Observe sua tendência a se deixar levar por ideias de passado e futuro.

» Logo no primeiro instante em que você perceber que está pensando, reconheça (*Estou pensando*) e traga sua atenção de volta para o corpo e para o momento presente.

» Em seguida, por um momento recoloque sua atenção na própria mente presente. Observe o observador de suas ações e então retorne à presença mental simples.

» Repita isso algumas vezes.

» Reflita sobre a experiência. Observar a mente presente mudou de algum modo sua experiência da atividade original?

→ Olhe... O fluxo de atividade

Quando aplicamos a presença mental a uma atividade – trabalhar ao computador, lavar roupas, lavar o carro ou dar banho no cachorro – estamos engajados na "atividade com presença mental". Ficamos atentos ao fluxo da atividade em vez de nos perdermos nos pensamentos a seu respeito. Na medida em que nos movemos, prestamos atenção com o corpo e com a mente, com todos os sentidos. Estamos vendo, ouvindo e tocando os elementos visuais, os sons e os objetos. Quando nos distraímos, paramos e damos Atenção ao Vão, para isso, liberamos qualquer conversa mental ou sentimentos que tenham surgido. Vez após vez, soltamos os pensamentos sobre o processo e voltamos a apenas agir.

Soltar nossas distrações significa liberar mais do que apenas a conversa interior. Também nos livramos do perfeccionismo, do tédio, da inveja e da preocupação. E então retornamos à atividade com uma atenção relaxada, mas focada. Se estivermos preparando uma janta, devemos simplesmente cozinhar e nos soltar disso. Seja o resultado que for. Se tivermos dado nossa atenção completa e nos esforçado, geralmente será o bastante. Não se preocupe com virar um especialista em todas as facetas da vida. Em vez disso, apenas tente relaxar e aproveitar bem o que estiver fazendo.

Reflita a respeito

Escolha uma atividade criativa simples e nova, na qual você seja inexperiente. Por exemplo: desenhar, arranjar flores ou escrever um poema. O importante é explorar uma atividade pouco familiar e então se soltar das expectativas quanto ao resultado. Quando encontrar autocrítica, confusão ou resistência, simplesmente faça uma pausa e relaxe. Isso é ter bondade consigo.

Usando a técnica de escrever sem parar, descrita anteriormente, registre sua vivência por cinco minutos (ou mais tempo, caso sinta-se inspirado a continuar). Aqui vão algumas questões a explorar:

» Que sentimentos percebeu ao se engajar na atividade?
» Foi capaz de contrabalancear a resistência com curiosidade e gentileza? Caso sim, como foi? Caso não, qual foi o obstáculo encontrado?
» Você foi ocasionalmente capaz de liberar os pensamentos de distração? Caso sim, isso o ajudou a apreciar o processo sem criar tanta expectativa sobre o resultado?
» Como é observar o resultado dos esforços sem rótulos (bom, ruim, bonito, feio)?

→ Olhe... Lembretes diários

Neste exercício a ideia é encontrar intenções similares em duas atividades diferentes: uma atividade cotidiana, como dirigir, e outra excepcional, como trabalhar com emoções difíceis. Quando se descobre uma finalidade comum, o resultado é que, ao realizar a atividade cotidiana, a intenção de lidar efetivamente com as emoções pode vir a ser lembrada.

Reflita a respeito

» Usando o exemplo de dirigir um carro, comece se perguntando: *Qual é minha intenção quando estou na direção? Por que dirijo?* Sua resposta pode ser: *Quero ter a liberdade de ir aonde quiser e eu nunca conseguiria alcançar alguns lugares apenas caminhando.*

» Em seguida, pense em como você trabalha com as emoções. Pergunte a si mesmo: *Qual é a intenção por trás de meu compromisso de trabalhar com as emoções? Por que o faço?* E a resposta pode ser: *Continuo trabalhando com as emoções porque é o único jeito de ter menos sofrimento na vida. Minha intenção é me libertar do sofrimento emocional.*

» Finalmente, integre as duas coisas, de forma que a finalidade de uma lembre o objetivo da outra. Pode ser algo assim: *Da mesma forma como dirijo meu carro para ir aos locais desejados, trabalho com minhas emoções para atingir o espaço interior almejado – busco liberdade perante o sofrimento das emoções. Da mesma forma, a cada vez que dirijo, lembro de meu objetivo de liberdade.*

» Para ajudá-lo a lembrar, determine um marcador, por exemplo, quando viramos a chave da ignição para ligar o carro, isso inicia sua presença mental. Você também pode afixar uma nota no painel.

Quando trabalhar com um exercício como esse, separe cinco ou dez minutos no fim do dia para refletir sobre como a prática o ajudou. Observe o que interferiu com sua capacidade ou sua motivação de aplicar a presença mental. Talvez seja interessante manter um diário ou bloco de rascunhos ao lado da cama para fazer notas ou desenhos antes de dormir.

→ ## Olhe... Apanhando e soltando

Certa vez comprei uma camisa no aeroporto. Eu havia viajado por um bom tempo e precisava de uma muda de roupa. Encontrei uma camiseta de um tom bonito de azul e a vesti sem hesitar. Já sentado no avião, observei que a roupa tinha a estampa de um peixe com uma frase ao longo da manga: "apanhe e solte". Gostei muito daquilo. Era como uma mensagem do universo: de alguma forma, eu estava vestindo instruções sobre trabalhar com a mente na meditação. E esse foi o meu ensinamento para aquela viagem.

Você também pode usar essa frase em sua prática de meditação ou contemplação. Apanhe e solte os seus pensamentos. Não é preciso bater em suas cabeças e tentar matá-los antes de atirá-los de volta. Apenas reconheça cada um e deixe-os ir.

A prática de meditação é basicamente um processo de vir a conhecer a si mesmo. Como se faz? Familiarizando-se com a própria mente. No geral, a mente é um redemoinho de pensamentos e a meditação é a prática que a acalma e nos ajuda a desenvolver um estado pacífico. Se nossa mente está ocupada pensando, geralmente reflete sobre o passado ou o futuro, revivendo velhos dramas ou imaginando o que aconteceria amanhã ou em dez anos e tentando fazer planos. Geralmente não estamos de forma alguma vivenciando o momento presente: não podemos alterar o passado, e o futuro está sempre à nossa frente – nunca o alcançamos. Você já percebeu isso? Na medida em que esse processo continua, a mente nunca descansa. A mente jamais se assenta ou fica confortável.

Quando praticamos meditação há algum tempo, ficamos melhores em apanhar os pensamentos e emoções e os soltar. A mente vai passando a se assentar naturalmente num estado de repouso. Isso é ótimo porque nos permite permanecer totalmente presentes em nossas vidas. Quando não estamos sendo puxados para o passado ou para o futuro, ficamos bem aqui mesmo, onde realmente vivemos. Estar no momento presente simplesmente significa estar desperto e consciente de si próprio e do ambiente. E esse é o começo da paz e do contentamento.

Instrução: Seguindo a respiração

Um dos métodos mais efetivos de meditação é a prática de seguir a respiração. Para começar, apenas sentamos numa postura confortável e ereta e observamos a respiração. Não há nada mais a fazer. A respiração deve ser natural e relaxada, não há necessidade de alterar a sua frequência ou os seus movimentos. Começamos trazendo a atenção para a respiração, focando em inspirar e expirar pelo nariz e pela boca. Há uma noção de se estar realmente sentindo a respiração, sentindo seu movimento.

Quando se faz isso, não se está apenas observando a respiração. Na medida em que nos assentamos na prática, tornamo-nos a respiração. Sentimos o ar sair enquanto expiramos e nos unificamos com o processo. E sentimos o ar entrar quando inspiramos e nos unificamos com ele. Você é a respiração, e a respiração é você.

Na medida em que começamos a relaxar, somos capazes de apreciar o agora, o momento presente. A respiração acontece apenas no presente. Expire. Um momento se foi. Inspire de novo. Outro momento está aí. Apreciar o agora também inclui apreciar o próprio mundo, a própria existência, o ambiente inteiro, estar satisfeito com a própria existência.

Como começar

Para começar a sessão de meditação, primeiro é necessário um assento confortável. Podemos usar qualquer almofada firme o suficiente para apoiar a postura ereta. Também podemos sentar em uma cadeira. O ponto principal é ter uma postura relaxada, mas ereta, de forma que a espinha permaneça reta. Caso estejamos sentados numa almofada, cruzamos as pernas confortavelmente e, caso estejamos sentados numa cadeira, colocamos a planta dos pés inteira no chão. Podemos repousar as mãos no colo ou nas coxas. Os olhos podem ficar entreabertos, mas com o olhar direcionado ligeiramente para baixo, a uma curta distância à frente. O ponto mais importante é que a postura seja tanto ereta quanto relaxada. Uma vez que se esteja sentado confortavelmente, o ponto principal é estar totalmente presente – colocar toda a atenção na prática. É uma boa ideia começar com sessões curtas (de talvez cinco ou dez minutos) e ter uma atitude de curiosidade quanto às próprias experiências. Não se preocupe com estar fazendo "certo" ou "errado"!

Apanhando os pensamentos

Durante a meditação, a tagarelice da mente vem à tona e temos muitos pensamentos. Alguns parecem mais importantes do que outros e se tornam emoções. Alguns estão ligados a sensações físicas: a dor no joelho ou no pescoço. Outros parecem muito importantes, coisas que não podem esperar. Esquecemo-nos de responder um e-mail importante, precisamos retornar uma ligação ou esquecemos o aniversário da mãe. Esses pensamentos podem aparecer, mas em vez de você saltar para fora da meditação, tudo o que tem de fazer é reconhecê-los. Quando um pensamento tentar distrair, repita: *Estou tendo um pensamento para não esquecer o aniversário da mamãe*. Simplesmente apanhamos o pensamento, o reconhecemos e então o soltamos. Quando sentados em meditação, tratamos todas as nossas divagações igualmente. Não damos importância diferenciada a nenhuma delas. Caso o façamos, rapidamente perdemos a concentração. Nossa mente começa a vagar e se vê presa a todos os tipos de imaginação.

Podemos achar que a meditação talvez devesse ser totalmente livre de pensamentos, com a mente plenamente em paz, mas esse é o resultado final da prática, não o processo. A "prática" de meditação significa relacionar-se com o que quer que surja. Quando um pensamento aparece, o reconhecemos, vemos que está ali, e então o deixamos ir, relaxamos e respiramos. É disso que se trata o "apanhar e soltar".

Quando meditamos, repetimos esse processo de apanhar e soltar vez após vez. A presença mental, apanhando os pensamentos, fortalece o poder da concentração com a repetição da prática, exatamente como se fortalecem os músculos do corpo a cada vez que os exercitamos. A mente está ligada a diferentes condições que nos impactam de várias formas imprevisíveis. Não espere que a meditação sempre seja a mesma ou que esteja de acordo com as suas expectativas de progresso.

Colocar a mente num estado pacífico e límpido toma tempo. Num dado momento, porém, veremos que a mente fica onde a colocamos. Meditar e desenvolver força mental não é apenas uma atividade saudável e íntegra. É de fato de grande ajuda e suporte para qualquer coisa que se queira aprender ou realizar. Conforme a mente se acalma, vivenciamos mais o que está acontecendo a cada momento. Começamos a ver que a vida – a vida verdadeira, a que acontece agora mesmo – é muito mais interessante do que todos os pensamentos sobre ela!

9
Visão clara: Explorar

→ Explore... Seus limites pessoais

    Certas atividades, como dançar, cantar, pintar ou escrever nos encorajam a permanecer presentes com a incerteza e explorar nosso processo criativo. Caso permaneçamos abertos e livres de julgamentos quando não estamos em nossa zona de conforto, é possível ver o jogo dos pensamentos e emoções de forma bastante vívida. Em certos momentos o redemoinho de pensamentos e emoções pode nos distrair do simples contato direto com os próprios movimentos (físicos e mentais), e então é possível que nos desencorajemos quanto a incursões mais profundas. Atingimos um ponto final, um limite pessoal.

    Podemos descrever o limite pessoal como uma fronteira ou limiar que não se consegue cruzar. Já fomos até onde era possível emocionalmente. Caso forcemos, explodimos ou nos acabamos. Sentimo-nos presos, resistentes ou temos raiva. Quando refletimos sobre essas experiências de frustração e os sentimentos de fracasso, somos capazes de ouvir o que estamos dizendo para nós mesmos? Por exemplo, podemos cair no pensamento de *Não consigo...* quando nos deparamos com uma emoção persistente e indesejada, especialmente se for uma daquelas que acreditemos ser impossível de mudar. Há uma crença subjacente sutil de que não temos forças para fazer qualquer coisa a respeito. É importante reconhecer esse senso de limitação, uma vez que ele nos separa de nossa aspiração de coração.

    Ainda assim, na medida em que estejamos fazendo um esforço de trabalhar com as próprias emoções e pensamentos, permaneceremos presentes e conscientes. Estamos reconhecendo e transformando padrões de hábito velhos e inúteis. Assim, podemos usar as experiências desafiadoras para nos familiarizar com o que pensamos serem nossas limitações e ir além delas.

Limites pessoais não são obstáculos permanentes

Uma vez familiarizado com os próprios limites pessoais – ciente das linhas que você não quer cruzar – pode-se usar a prática de presença mental para investigar essas tendências. Como todas as coisas, os padrões têm causas e outros fatores que os mantêm em sua existência continuada e é útil vir a saber o que os ampara.

Estados mentais felizes e dolorosos não surgem do nada. São o resultado de um conjunto particular de fatores, como os ingredientes para fazer uma torta. Ao final, temos uma torta deliciosa ou uma torta azeda e dura, dependendo dos ingredientes que incluímos ou não, da qualidade da receita, do conhecimento e habilidade da pessoa que faz a torta, e assim por diante. A fatia à nossa frente não é inevitável. Seria possível tê-la feito com uma borda de queijo. Carne também poderia ter sido adicionada como um ingrediente caso desejássemos ter feito uma torta salgada.

Da mesma forma, nossos hábitos bons e ruins dependem de muitas coisas. Reconhecer essas conexões interdependentes nos ajuda a compreender que nossos limites pessoais não são necessariamente obstáculos permanentes. Muito antes de eles aparecerem para nos frustrar, podem ser interrompidos em qualquer ponto do processo, o que muda o resultado final. Quando ficamos furiosos com o chefe, não há necessidade de chegar em casa e chutar o cachorro. Há espaço para manobras e para mudar a dinâmica. No fim das contas, podemos superar esses limites. O primeiro passo é olhar de perto a experiência da própria limitação, bem como as condições que engatilham estes sentimentos.

Entre em ação:

» Estabeleça a intenção de examinar sua experiência de um limite pessoal e de aplicar a Atenção ao Vão quando sentir essa experiência surgir.
» Identifique pelo menos um caso específico em que conseguiu aplicar essa intenção.
» Identifique o que aciona a experiência de limite. Por exemplo: ficamos tomados de ressentimento caso um colega de trabalho, que não é nosso chefe, nos diga o que fazer? Perdemos as estribeiras se nossos parceiros contradizem o que dizemos, especialmente quando sabemos estar certos?

» Decida-se a levar a prática de Atenção ao Vão a situações onde seus gatilhos estejam normalmente presentes. Por exemplo: ao se sentir ansioso e hostil em filas demoradas.

O ponto importante aqui é colocar a atenção da presença mental junto com os sentimentos de limitação – sem julgamento – e apenas permitir que a prática da Atenção ao Vão o conduza.

→ Explore... Seus hábitos emocionais em relacionamentos

A chave para trabalhar habilidosamente com as emoções nos relacionamentos íntimos é desenvolver presença mental quanto aos padrões emocionais. É particularmente importante reconhecer como lidamos com as muitas e diversas expressões do desejo. Estamos cientes de como reagimos quando sentimos ciúmes ou somos deixados de lado? Reconhecemos como ficamos previsíveis ao nos decepcionarmos? Ficamos com raiva ou grudentos? Começamos a planejar uma vingança emocional? O que nos ajuda a permanecer abertos? O que atiça nosso senso de generosidade ou perdão?

Uma das melhores coisas que podemos fazer para preservar os relacionamentos é desenvolver uma conexão direta e honesta com as emoções. Caso reconheçamos como os hábitos emocionais aparecem de um momento para o outro, temos uma boa chance de transformá-los. Apenas um ou dois momentos de consciência presente colocados numa situação delicada podem nos salvar de entrar em outra montanha-russa emocional. Não é preciso rejeitar emoções poderosas ou fugir assustado delas. Mas é necessário encará-las com presença mental. Um forte hábito de presença atenta nos ajuda a manter um equilíbrio feliz na vida emocional. Encontrar esse equilíbrio não só é uma forma melhor de viver; pode ser o caminho para uma existência mais sábia e mais alegre.

Reflita a respeito

» Traga à mente uma troca que acabou mal. Por um momento, sinta a emoção sem reagir, pensar ou julgar demais.

» Produza um forte senso de bondade e compaixão, primeiro para si mesmo e então em direção a um parceiro, familiar ou amigo. Repouse nisso por alguns minutos e em seguida observe como a sua visão da situação muda.

» O que o ajuda a retornar a um estado de abertura depois de uma discussão ou de uma troca dolorosa num relacionamento íntimo?

» Escolha uma descoberta advinda destas contemplações (por exemplo: *não ser tão duro comigo mesmo me ajuda a encontrar meu senso de humor*) e tente aplicá-la da próxima vez em que se descobrir numa situação acalorada.

→ Explore... Compaixão na sua comunidade

A *compaixão* é definida por uma disposição de estar presente com o sofrimento, em conjunto com um forte desejo de aliviá-lo. A compaixão nos aproxima do sofrimento para transformá-lo. Caso mantenhamos o sofrimento afastado, fica difícil contribuir com algo. Quando colocamos compaixão na vida em comunidade e em nossas interações, nos relacionamos melhor com as perspectivas diversas, e algumas vezes conflituosas, dos outros.

Limpar uma rua na vizinhança, trabalhar num jardim comunitário, organizar um grupo de caronas ou planejar uma festa escolar – tarefas deste tipo nos dão uma chance de ver o quanto estamos conectados uns aos outros. Também nos mostram quão frequentemente mudanças pequenas na intenção podem alterar nossa experiência dos relacionamentos. Por exemplo, ficamos mais ou menos amigáveis e engajados se as pessoas concordam conosco ou discordam de nós? Quando adotamos uma atitude de abertura e aceitação em relação aos outros, a compaixão abre o caminho para a harmonia. No fim das contas, todos queremos ser felizes – amigos, família, competidores e inimigos. Ninguém quer ter medo, ficar doente ou sentir dor. Como sabemos de experiência própria, nunca falta oportunidade para nos aproximarmos do outro com bondade. No fim das contas, a compaixão convida os relacionamentos, até mesmo os inconvenientes!

Reflita a respeito

Lembre de uma experiência sua ao trabalhar em grupo. Considere as seguintes questões e faça algumas notas para lembrar a si próprio de como a experiência aconteceu. Caso possível, ache outra pessoa ou um pequeno grupo de pessoas com quem possa explorar essas questões. Juntos vocês provavelmente também acabarão formulando suas próprias questões.

» Como a experiência deu suporte ou criou desafios para a presença mental ou a compaixão?

» Quando desafios surgiram, como foram trabalhados? Você foi capaz de se tornar amigo do desafio? Caso contrário, o que o ajudaria a encarar o desafio com curiosidade e bondade da próxima vez?

» Como muda o seu senso de presença mental quando trabalhando em grupo, em contraste com o trabalho sozinho?

» O que é diferente para você quando está realizando uma tarefa que não é de sua escolha, em comparação com uma que seja?

→ Explore... Como você fala com as pessoas e as ouve

A comunicação é mais do que as palavras que utilizamos para trocar informações uns com os outros. Ela tem sua energia que é expressa nas emoções. Quando falamos uns com os outros, a informação trocada é apenas uma parte da conversa. Nossos sentimentos sobre a informação são a outra parte – nossas ações realmente falam mais alto do que as palavras. Então, quando ouvimos apenas com os ouvidos e não com o coração, perdemos aspectos cruciais do que nos está sendo comunicado.

O exercício a seguir tem a intenção de aumentar o contraste entre a atividade com e sem presença mental. Caso consigamos ser bondosos conosco quando percebemos os momentos em que nos esquecemos de estar presentes, eles podem se tornar bons lembretes. Sempre há uma nova ocasião para aplicar a prática. Sempre há como seguir em frente. Em nossa vida cotidiana, caso comecemos a reconhecer o contraste entre nossa atividade com e sem presença mental, bem como a diferença que isso faz para nós, vamos começar a ver mudanças positivas em nossos relacionamentos: maior confiança, apreciação mútua e harmonia.

Exercício para duas pessoas

No exercício seguinte, você e um parceiro explorarão o processo de falar e ouvir, com ênfase específica em *ouvir*. Cada um terá sua rodada como ouvinte ou falante, de forma que os dois tenham chance de vivenciar ambos os papéis. Primeiro há uma descrição dos papéis e então orientações específicas para o exercício.

Ouvinte

A prática no papel de ouvinte é ouvir completamente o que o parceiro diz enquanto presta atenção aos próprios sentimentos. Perceba suas próprias reações ao que está ouvindo. Muitas vezes, quando estamos conversando com outra pessoa sentimos a necessidade de interromper e dizer algo imediatamente. Vemo-nos presos no desejo de responder, intervir ou corrigir um problema. Esse desejo fecha nossos ouvidos e nos impede de escutar o que o amigo está dizendo.

Nesta prática, apenas ouvimos e permanecemos abertos. Se nos descobrirmos emocionalmente carregados, simplesmente aplicamos a prática de Atenção ao Vão. Isso nos ajuda a não nos movermos, a evitar qualquer impulso de responder o que o parceiro está dizendo. Continuamos observando o fluxo de pensamentos e sentimentos pacientemente, sem tentar alterá-los. Libertamos nossas pressões e descansamos na experiência de ouvir.

A princípio, esta prática pode parecer desconfortável ou esquisita. Caso nos sintamos assim, assumimos que é um sinal de que estamos mesmo fazendo o exercício. Na medida em que nos acostumamos a ouvir dessa forma, nossa presença se torna realmente acolhedora e útil para os outros. Aos poucos, podemos aperfeiçoar as habilidades de ouvir ao ponto de incluir dar respostas com presença mental. A intenção deste exercício, porém, é apenas vivenciar o papel de ouvinte.

Falante

A prática no papel de falante é colocar presença mental na fala. Falamos com intenção e da forma mais clara possível. Quando nos sentimos desconfortáveis ou incertos com relação ao que vamos dizer, nos permitimos o silêncio em vez de continuarmos falando. Prestamos atenção aos pensamentos e sentimentos que surgem enquanto falamos sem receber respostas verbais do parceiro. Na medida em que os sentimentos surgirem, apenas os reconhecemos (tanto em silêncio quanto em voz alta) e continuamos o exercício.

Para os dois, falante e ouvinte

Este exercício aumenta a consciência de nossos hábitos de comunicação, o que pode nos surpreender. Normalmente, nossos hábitos de fala não nos são tão óbvios. Quando estamos falando com um amigo, por exemplo, geralmente o que queremos é nos fazer entender. Estamos menos focados na mensagem que nosso amigo está tentando nos passar. Na medida em que aplicamos atenção cuidadosa ao ouvir e falar, vamos saber reconhecer claramente se estamos realmente indo além do autointeresse ou da autogratificação.

Agora podemos começar...

O exercício

Escolha um parceiro e agende uma hora boa para os dois se engajarem na prática.

1. Encontrem um lugar onde possam sentar um de frente para o outro, com uma distância confortável entre os dois (mais ou menos a largura de uma mesa).
2. Escolha qual dos dois será o ouvinte e qual será o falante na primeira rodada do exercício. Na rodada seguinte os dois trocam de papel.
3. Juntos, separem uns minutos para refletir sobre a bondade e a compaixão. Estabeleçam a intenção mútua de confiar nestas qualidades por todo o exercício, com foco tanto em si mesmo quanto no parceiro.
4. *Falante:* Escolha um tópico que seja pessoal e atual, e sobre o qual esteja vivenciando uma carga emocional suave. De início, separe um tópico que seja trabalhável, e não um que seja profundamente doloroso. Mantenha certa leveza. Quem sabe algo que aconteceu no trabalho esta semana ou algo no noticiário que chamou a sua atenção.
5. *Ouvinte:* Apenas ouça o falante. Não ofereça retorno algum. Caso alguma perturbação emocional venha à tona, pratique Atenção ao Vão. Reconheça o sentimento enquanto deixa de lado a história que está contando a si mesmo, o julgamento ou qualquer outro impulso mental. Tente permanecer em contato com a experiência direta do sentir. Tanto quanto possível, permaneça atento e de coração aberto com relação ao falante.

6. O falante tem quatro minutos (é bom colocar um alarme ou usar um cronômetro). Essa é uma oportunidade para o falante discursar. O parceiro ouve, mas não oferece resposta. Esteja ciente da sua própria experiência mental e emocional enquanto fala. Perceba como as qualidades da "fala" vão além das palavras, e lembre-se de praticar a Atenção ao Vão em resposta ao surgimento de emoções.
7. Troque os papéis por mais quatro minutos. Agora o falante é o ouvinte e vice-versa.

Reflita a respeito

Escreva por dez minutos a respeito de uma ou mais das questões seguintes. Mais tarde você pode voltar às questões que não respondeu.

» Descreva a experiência de ouvir sem responder. O que aprendeu?
» Descreva a experiência de falar sem receber resposta verbal.
» Em que ponto você achou a bondade mais acessível? Quando parecia menos disponível? Por exemplo, explore quaisquer sentimentos de julgamento, negatividade ou medo.
» Descreva um obstáculo (um ponto que provocou julgamento ou medo, ou em que percebeu que estava difícil prestar atenção).
» Qual foi a parte mais agradável do exercício?

→ **Explore... Ouvindo com o coração**

A compaixão parece ser a porta para a comunicação verdadeira. Quando o coração se acende de compaixão e vamos além do puro autointeresse ou da pura autogratificação, a mensagem geralmente chega ao outro.

Quando o companheiro, seus pais ou filhos estiverem falando, caso você ouça já com uma conclusão em mente, com julgamentos e conceitos preestabelecidos, então nunca ouvirá de fato o que estão tentando lhe dizer. É por isso que, no mundo todo, temos dificuldades de comunicação e problemas em relacionamentos. Não ouvimos uns aos outros, apenas a nós mesmos. Não importa o que os outros estejam dizendo, ouvimos o que queremos (nossa própria conclusão, nosso próprio julgamento, nossa própria crença).

Caso estejamos dispostos a nos abrir, a ouvir sem conclusões ou julgamentos rápidos, então nossas visões rígidas podem vir a se suavizar e a compaixão tem uma chance de influenciar a situação. Assim, passamos uma qualidade de segurança, o que encoraja os outros a confiarem em si mesmos. Quando a compaixão e a sabedoria se unem dessa forma, nosso coração é posto nas ações – e age. A aspiração de verdadeiramente ajudar os outros pode, enfim, realmente se realizar.

Então, de forma a realmente ouvir a mensagem – que é a essência da comunicação – é preciso ouvir de coração, do jeito que se ouve música. E quando se ouve dessa forma, há uma abertura que permite a união de duas mentes ou de dois corações em um só.

Reflita a respeito

Caso você queira aplicar a compaixão de forma hábil, é preciso estar sensível às necessidades da situação. Para descobrir o que a situação requer é preciso se soltar das preconcepções. Olhamos e ouvimos com a mente e o coração abertos.

» Lembre-se de uma situação em que se sentiu mal compreendido e não recebeu a ajuda de que precisava porque não foi ouvido.
» Então pense em uma situação em que precisou de algo, mas em que isto foi ouvido com clareza.
» Nestas duas ocorrências, o que era diferente no que diz respeito ao ouvinte?

Práticas de ouvir

» Comprometa-se a ouvir intencionalmente de coração uma vez por dia no decorrer da próxima semana. Selecione uma pessoa, um local e um momento para fazer esta prática.
» Reflita sobre a intenção da bondade e da compaixão na prática de ouvinte.
» Identifique um relacionamento que provavelmente se beneficiaria deste tipo de prática: com seu companheiro ou companheira, com

seu filho, com um colega de trabalho, ou um membro de sua comunidade social.

» Da próxima vez que encontrar esta pessoa, ouça de coração.

» Caso o relacionamento seja íntimo e a pessoa com quem você está falando esteja aberta a isso, é possível explicar que você está aprendendo uma prática para cultivar bondade na comunicação. Talvez o seu interlocutor se interesse em explorar o processo também. Se for o caso, você pode explicar a técnica e praticá-la com ele: combinem uma questão e acertem o papel de ouvinte e falante antes de começar.

» Em público ou em situações ligadas ao trabalho, experimente dar atenção completa a conversas durante algum tempo (por exemplo, durante parte do dia), e, por outro período de tempo, deliberadamente deixe a prática de lado. Perceba como essas interações variam.

» Caso não haja ninguém disponível para ouvir, ligue o rádio e ouça notícias. Ao ouvir, repare quaisquer emoções e aplique a Atenção ao Vão.

10
Soltar: Relaxar

→ Relaxe... Onde você está

Pense no antes

Reflita por um momento sobre uma experiência que tenha tido ao caminhar por um lugar familiar, tal como um auditório ou sala de aula (uma situação onde haja um grupo de pessoas). Ao entrar nessa sala, por acaso você já sabe onde irá sentar? Tem um lugar favorito? O que percebeu quando entrava? O espaço era silencioso ou barulhento? Havia um sentido de ordem ou era caótico e bagunçado? A atmosfera da sala afetou seu próprio senso de conforto e humor? Você sentiu algum desejo de mudar a sala de alguma forma?

O quão difícil é aceitar o ambiente em que nos encontramos exatamente como é e nos soltarmos do desejo de alterá-lo? Quando estamos sentados na sala de espera do dentista começamos a desejar assentos mais confortáveis, revistas mais novas ou algumas janelas? Não há problema em ter preferências (todos nós as temos), mas em que momento uma preferência se torna uma rejeição do ambiente que perturba a mente?

Pense no agora

Onde você está neste momento? O que vê? O que sente? Observe a experiência dos sentidos em relação ao recinto em que está neste momento. Perceba as sensações físicas – o contato entre seu corpo e a almofada ou cadeira, a qualidade do ar na pele, a luz e as imagens percebidas pelos olhos, os sons do ambiente. Há algum odor no ar ou um sabor em sua boca?

Enquanto você se sente "inteiro aqui", em contato com o ambiente, solte-se do esforço que lhe trouxe até este lugar e apenas relaxe.

Pense no depois

Da próxima vez em que estiver em grupo, preste atenção a onde prefere se posicionar em relação aos outros. A proximidade ou distância com relação às pessoas pode gerar certos sentimentos. Como é para você estar no meio de um grupo em que se bate os cotovelos no colega ao lado ou ficar sozinho longe do grupo? Repare nas suas próprias reações, as suas próprias preferências e os rótulos que aplica à própria experiência: *Isto é bom* ou *Isto é ruim; estou confortável* ou *estou desconfortável*.

No momento em que você apanhar o início desse processo de rotulação ou de julgamento, faça uma pausa e aplique a prática de Atenção ao Vão por um instante: Sinta, Detenha-se e Olhe. Dê um passo atrás e observe o panorama mais amplo. Conecte-se com o corpo, respire fundo, se solte e relaxe. Libere o que estiver contendo ou o que estiver preso a você.

Examinar a própria experiência desta forma nos ajuda a ganhar ciência de tendências que muitas vezes não são percebidas. Ajuda-nos a ver como são as coisas de fato em contraste com o que pensamos que elas são. Também nos ajuda a desenvolver simpatia, bondade e compaixão para conosco, o que nos ajuda a sentir o mesmo com relação aos outros.

→ ## Relaxe... Conecte-se com os sentidos

Apesar de todas as vantagens que hoje temos neste moderno mundo cibernético, também perdemos algumas coisas. Apesar de nossa paixão pela fisicalidade – ioga, ginástica, *jogging*, ou sexo – perdemos, em certa medida, o contato com nossos próprios corpos. Algumas vezes os tratamos como simples máquinas que nos levam ao mais novo tablet, smartphone, Xbox ou televisão 3D. Frequentemente substituímos emoções genuínas pelo intelecto – falar e pensar sobre os sentimentos em vez de senti-los. Muitas vezes é preciso uma calamidade, tal como um acidente de carro, uma úlcera ou furacão para nos acordar para a experiência presente de nosso corpo.

Os exercícios de percepção sensorial são um jeito de reconquistar esse "sentido de sentir" – esse sentido de contato com o mundo físico. O que segue são sugestões de uma prática inicial para nos reconectarmos com os cinco sentidos: visão, som, cheiro, gosto e tato. Esses cinco sentidos estão focados para "fora," na direção de todas as coisas interessantes, belas, feias, desejáveis e assustadoras no mundo. Ainda assim, eles também têm um aspecto interno. Os sentidos estão dentro de nosso corpo. Quando interior e exterior estão conectados, nossa experiência é mais completa e profunda. De início, é de grande ajuda fazer os exercícios sozinhos, evitando assim disparar as respostas habituais que temos para outras pessoas.*

Visão fresca

1. Encontre um lugar silencioso e confortável em sua casa ou em um ambiente externo natural, se for possível. Sente numa postura ereta e relaxada, e deixe os olhos repousarem sobre um objeto natural, tal como uma flor (tudo bem se ela estiver num vaso), uma árvore ou um riacho. É melhor de princípio não se focar em itens feitos pelo homem (bancos de praça, bicicletas, postes de luz) ou em outras pessoas. Tente ver tanto o objeto quanto seus arredores (a floresta e as árvores) sem focar demasiado ou cansar os olhos.

2. Solte-se quanto a esperar por algum "acontecimento" e permita que os olhos simplesmente olhem. Rótulos, pensamentos e comentários podem surgir na mente, mas apenas os deixe passar.

3. Imagine que você seja capaz de ver por todos os poros do corpo. Deixe os olhos seguirem bebendo a visão da árvore (ou de outro objeto).

4. Pode chegar um momento em que o experimento pareça completo. Esse é o momento em que renovamos a atenção, repousando a visão sobre a flor, árvore ou riacho um pouquinho mais (dois ou três minutos).

5. Na medida em que se detém na prática, comece a sintonizar com como sente o próprio corpo, por dentro e por fora. Não coloque rótulos nestes sentimentos. Gentilmente se solte de quaisquer lassificações que surgirem. Em vez disso, veja se consegue identificar onde no corpo está sentindo alguma sensação qualquer, mesmo que considere que essas sensações (uma perna com câimbra ou tensão no pescoço, por exemplo) não tenham nada a ver com o

---

* Os exercícios para trabalhar com os sentidos internos e externos foram adaptados do trabalho de Lee Worley, uma Mitra da organização Nalandabodhi e autora de: *Coming from Nothing: The Sacred Art of Acting* (Turquoise Dragon Press). A Sra. Worley também é uma membra-fundadora da Universidade Naropa.

que se está olhando. Caso uma sensação se mova ou mude, não se esforce em mantê-la, apenas repare no que ela está fazendo. Continue reparando e sentindo o que está acontecendo em seu corpo.

6. Quando concluir o exercício, repouse por um momento e vagarosamente se levante para ir embora. Repare em quaisquer pensamentos que surjam a respeito do exercício – se o fez bem ou mal, o que ele significou etc. – e simplesmente os deixe ir. Ao fazer isso, você estará fortalecendo os músculos usados para "deixar ir".

Som natural

1. Escolha um gênero musical que você aprecie e comece escutando uma música que não seja atonal nem muito agitada. Não a ouça com fones de ouvido.

2. Coloque-se em uma postura confortável. Imagine que é capaz de ouvir por todos os poros do corpo. Coloque a atenção completamente nos sons, enquanto eles entram nesses "ouvidos". Caso você se pegue divagando ou tendo outros pensamentos, simplesmente retorne a atenção aos sons.

3. Exatamente como no exercício com a visão, comece a se sintonizar com as sensações do seu corpo por dentro e por fora. Não coloque rótulos nesses sentimentos. (Gentilmente se solte dos rótulos que surgirem). Em vez disso, tente identificar onde em seu corpo você está sentindo cada sensação, mesmo que as considere (a perna com câimbra, a tensão no pescoço) desconexas do que está ouvindo. A ideia é seguir permitindo que os sons entrem e reparar em onde eles ressoam no corpo.

4. A música pode ser algo que particularmente provoca emoções. Caso isto aconteça, veja se consegue localizar onde no corpo a emoção está localizada. Coloque a atenção naquele lugar e relaxe. Em vez de repousar no sentimento, porém, pode ser que você repare a atenção rapidamente se distraindo da emoção para a história que contamos sobre ela. Percebê-lo é bom e revela nosso hábito de pensar sobre os sentimentos em vez de senti-los. Quando notar isto, gentilmente retorne para as sensações físicas no corpo e para a emoção pura.

5. Para concluir, permita-se respirar fundo algumas vezes antes de levantar e retornar para seu cotidiano.

Cheiro brilhante

1. Escolha um objeto que tenha um cheiro particular, tal como uma flor ou uma rama de canela ou vareta de incenso e sente-se confortavelmente. Feche os olhos e preste atenção no cheiro.
2. Na medida em que inspira, imagine que o cheiro entra pela narina e enche o corpo todo com o perfume. Relaxe o abdômen e permita que a respiração se acalme e se complete.
3. Enquanto repousa na consciência ou na experiência do cheiro, sintonize-se com a sensação corporal mais uma vez e se solte de qualquer tendência de rotular as sensações. Então, comece a investigar que partes do corpo interior (ou as sensações dentro de seu corpo) são despertadas ou excitadas pelos cheiros. Imagine que seu corpo é oco como um balão e receba o cheiro sem impedimentos. Há partes que não são tocadas pelo cheiro? Caso sim, se conecte mentalmente com esses lugares e os encoraje a se encher com o perfume.
4. Quando começar a se entediar, continue no exercício mais um tempinho.
5. Conclua o exercício apenas repousando no corpo, e se permitindo respirar naturalmente.

Variação: Quando estiver pronto para um desafio um pouco maior, tente primeiro permitir que o cheiro siga com a respiração e encha seu corpo oco completamente. Então, ao exalar, observe o cheiro escapar pelas narinas e por todos os poros do seu corpo, perfumando o espaço do recinto – ou até além. Se quiser, inclua a vizinhança, a cidade, o país etc. Deixe-o ir até onde você quiser.

Gosto puro

Corte duas porções pequenas (pedaços que caibam inteiros na boca) de uma fruta suculenta em um prato. Pêssegos e morangos são particularmente bons, mas serve qualquer fruta. Comece apenas sentando confortavelmente com o prato à frente. Neste ponto, a experiência com as práticas anteriores já o ajudaram a saber como assentar e sentir o corpo.

1. Primeiro investigue que sensações ou sentimentos surgem ao olhar ou pensar em comer a fruta. A primeira porção será comida em estágios, muito mais vagarosamente do que você costuma comer.
2. Pegue um pedaço e coloque-o na língua. Feche a boca e deixe-o descansar ali. Que sensações corporais internas você percebe?
3. Gentilmente comece a mastigar a fruta, mas não a engula ainda. Sinta a suculência na boca e os dentes fechando, esmagando a fruta. Sinta o gosto da fruta. Qual é a sensação corporal em resposta a mastigar ou sentir o gosto da fruta?
4. Em seguida, engula a fruta. Perceba o interior da boca, o movimento da garganta e a sensação da fruta descendo para o estômago. Repouse brevemente nessa experiência.
5. Agora volte a atenção aos efeitos posteriores. Onde no corpo você percebe quaisquer sensações físicas? Elas duram ou mudam?
6. Repita o processo com a segunda porção de fruta. Veja se consegue seguir o processo inteiro de forma suave (e um pouco mais rapidamente, se quiser) enquanto mantém presença mental.

Variação: Veja se consegue manter a presença mental de quaisquer sensações e ao mesmo tempo reflita sobre a história da fruta, como ela cresceu, como foi apanhada, transportada, exposta para venda e comprada. Pense em todas as pessoas envolvidas neste processo e nas condições, como a preseça de luz solar e de água, que possibilitaram a criação desta fruta deliciosa e o seu consumo neste momento.

Tato límpido

Este exercício sensorial final explora o sentido do tato. Nesta altura, você já tem um acesso bem maior a seu mundo sensorial interno, por já ter feito as investigações anteriores dos outros sentidos "externos". Embora o sentido do tato esteja sempre conosco, esta é a mais difusa das nossas experiências sensoriais. Pode ser difícil identificar a sensação. Algumas vezes é bem simples – como acariciar o pelo de um gatinho. Pode também ser altamente complexo – como sensações que evocam a experiência de compaixão ou nos dizem que estamos nos apaixonando. Quando alguém faz algo especialmente bondoso, dizemos que foi "tocante" ou que nos sentimos "tocados" por aquela bondade.

Investigamos nossas experiências sensoriais em um aquecimento para lidar com nossas emoções dinâmicas, algumas vezes problemáticas, tais como raiva, inveja, paixão e o resto. O exercício a seguir vai além da sensação física do tato para explorar como nos permitimos ser tocados pelo mundo.

1. Escolha uma fotografia de alguém conhecido (por exemplo, uma pessoa ou um animal de estimação).
2. Sente-se confortavelmente e, depois de assentar o corpo, pegue a foto e a olhe por um instante. Em seguida, feche os olhos. Permita-se sentir a presença do retratado. Perceba as sensações no corpo que são iniciadas por esse passo.
3. Depois de alguns minutos, abra os olhos e continue a sentir a presença (ou, se poderia dizer, a vibração) dessa pessoa ou animal. Caso comece a ter muitos pensamentos, gentilmente retorne a perceber apenas as suas sensações do corpo, respirando de forma relaxada.
4. Solte-se de suas histórias sobre a pessoa ou animal e veja se consegue ampliar o círculo de sua consciência. Expanda sua atenção para fora, de forma a sentir o espaço do recinto em que está. Ao mesmo tempo, permaneça consciente do corpo, e do espaço entre você e a fotografia. Permaneça nessa consciência ampliada por um tempo.
5. Uma vez estabilizado o passo anterior, gentilmente permita que alguns pensamentos surjam em sua mente. Tente não manipular ou gerenciar estes pensamentos. Apenas perceba como surgem por conta própria. Permaneça desperto no espaço e em seu corpo. Caso os pensamentos comecem a carregá-lo para fora dessa consciência ampliada, retorne ao corpo e ao espaço pessoal. Mais uma vez, investigue onde em seu corpo se sentiu "tocado" pela presença da pessoa ou do animal de estimação na fotografia.

6. Ao fechar a sessão, envie pensamentos afetuosos e gentis para o ser retratado a partir da área de seu coração. Você pode imaginar esses anseios se estendendo como raios de luz. Esta é uma oportunidade de desejar a eles a mesma felicidade e liberdade perante o sofrimento que deseja para si mesmo.
7. Repouse com esses sentimentos. Não é necessário se apressar. Você também pode enviar bons auspícios além do espaço do recinto para outros conhecidos – até para os desconhecidos.

11
Não tem nada a ver com ser perfeito

Quem são seus exemplos pessoais?

Pense em alguém que você conheça que o inspira devido a qualidades pessoais de graça, bondade ou inteligência, bem como por suas ações em serviço de outros. Ajuda muito ter exemplos pessoais e mentores desse tipo. O exemplo deles pode nos ajudar a seguir em frente e superar nossas próprias dúvidas, medos e obstáculos. Eles nos inspiram a acreditar em nós mesmos e em nosso potencial.

Um relacionamento desse tipo, mesmo que seja uma admiração distante mas de coração por um artista ou professor favorito, pode nos encorajar a descobrir dentro de nós as reservas de coragem e determinação que nem sabíamos ter. Aprendemos a apreciar o que significa tomar responsabilidade pelos próprios desconfortos e desafios. Aprendemos a cuidar de nós mesmos. Ao fazermos amizade com a própria vida e gradualmente abrirmo-nos para as emoções, começamos a nos soltar do impulso de colocar culpa. Sentimo-nos mais confortáveis em nossa própria pele e mais dispostos a compartilhar nossa experiência com outros. A bondade se torna parte da existência cotidiana e a compaixão se desenvolve naturalmente. Na medida em que ficamos mais corajosos, nosso exemplo encoraja outras pessoas a serem elas também mais ousadas.

Reflita a respeito

- » Você tem alguém como um exemplo?
- » Que qualidades você mais admira nessa(s) pessoa(s)?
- » De que forma essas qualidades exemplificam bondade ou coragem?
- » Como esse exemplo influenciou ou guiou as suas boas ações?
- » Você é um exemplo pessoal para alguém?

Reveja seus objetivos e intenções

Uma vez por semana, faça a si mesmo perguntas que o ajudem a averiguar o progresso e a renovar e revigorar suas intenções. Você pode usar as perguntas abaixo, mas também pode elaborar as suas. Faça anotações semanais no diário ou caderno e ocasionalmente leia o que já escreveu.

» Com que frequência me lembro de manter presença perante meus padrões habituais e de trabalhar com minhas emoções? A cada semana que passa lembro de fazer mais isso?
» Que emoções surgiram para mim esta semana? Quais foram as mais extremas?
» Que passos do Resgate Emocional utilizei esta semana? Quais me ajudaram com emoções extremas?
» O que mais quero mudar com respeito à minha vida emocional? Por que essa mudança é tão importante para mim – o que seria diferente em minha vida caso eu conseguisse fazer essa mudança?
» As técnicas de Atenção ao Vão, Visão Clara e Soltar estão servindo para o que eu esperava? Caso não, como a minha experiência é diferente de minhas expectativas?
» Estou aprendendo a ser bondoso comigo? Consigo me lembrar de alguma ocasião durante a semana em que eu tenha parado uma torrente de autocrítica e a transformado em encorajamento ou elogios?
» O que desejo para mim? O que desejo para os outros?

Seja tão específico quanto puder. Caso descubra que está perdendo o foco e o poder de decisão durante a semana, reveja um ou dois dos exercícios anteriores e reafirme um objetivo positivo para si mesmo. Decida-se a realizar algo que é alcançável até a semana seguinte, bem como reafirme seu objetivo de longo prazo de se libertar das emoções negativas.

Se você está se esforçando, está progredindo

A presença mental, como o nome sugere, é essencialmente um processo de trabalhar com a mente. Ajuda lembrar, porém, que o processo tem efeitos variados, especialmente em momentos desafiadores. Por um lado, há um senso de transformação em andamento: em algumas áreas estamos superando obstáculos e vivenciando algum tipo de liberdade emocional. Em outras, porém, ainda temos dificuldades, ainda estamos engajados em ações negativas e pouco produtivas e vivenciamos os resultados negativos disso. Ninguém é sempre perfeito e nossa vida inclui fardos e erros de vários tipos.

Quando percebemos ter cometido erros ou nos prendemos ao surto particular de alguma emoção ou medo, é provável que nos sintamos fracassados. Porém, não devemos perder a visão panorâmica. Não precisamos tomar isso como indicativo de que não estamos progredindo em nosso caminho escolhido, ou mesmo de que não temos sucesso na vida. Se estivermos trabalhando com a mente, estaremos progredindo (não houve um tempo em que sequer estávamos engajados nisso?). Na medida em que estivermos fazendo esforço para reconhecer velhos padrões e trabalhar com eles, estaremos diminuindo seu poder. Estamos cultivando uma base mais positiva para um futuro mais feliz. Desta perspectiva, o fracasso é parte do caminho que leva a nossas realizações. Não é sempre que somos capazes de reconhecer isso.

O sucesso em trabalhar com as emoções, como tudo na vida, não diz respeito à perfeição. Não podemos esperar que toda vez que um estado mental turbulento bater à nossa porta a coisa "normal" a fazer seja reconhecer sua verdadeira natureza. Isso será possível em algum ponto, mas não é a norma agora. Da mesma forma, se esperarmos a cada ano o crescimento de nossa renda e nosso negócio, que a próxima casa seja sempre maior ou nosso futuro sempre mais seguro e confortável (seguindo os modelos do Sonho Americano), estaremos confundindo o ideal com a normalidade. Isso não só é um erro, mas também soa chato, como um filme clichê onde se sabe desde o início exatamente o que vai acontecer. Essa é a verdade da impermanência e da mudança e é isso que faz de nossa vida uma aventura. Lembrar-se disso e ter isso no coração nos ajuda a ser mais pragmáticos e, ao mesmo tempo, mais corajosos.

Precisamos de uma coragem de guerreiro para sermos capazes de encarar e aceitar a derrota ocasional e sermos capazes de transformar nosso sofrimento e compaixão numa existência mais presente e desperta. Como campeões de boxe ou de artes marciais, precisamos aceitar algumas derrotas e estar dispostos a aprender com elas para, no final, sermos vitoriosos. Algumas vezes parece que o mundo nos vê como um saco de pancadas, e os socos vêm de todos os lados. É aí que precisamos lembrar que a perda, o desapontamento, a tristeza e a dor são parte de nossa vida – e das vidas de todas as pessoas. Na medida em que nossa confiança cresce e nos tornamos mais hábeis em trabalhar com a mente, podemos superar essa noção de buscar um ideal impossível. Conectamo-nos com a vida como uma jornada pessoal, uma jornada que é cheia de surpresa e também novas oportunidades, capazes de trazer um sentido profundo à vida. Se isso procede, e de que forma, a decisão é nossa. Porém, se realmente queremos nos ajudar, auxiliando também o mundo que sofre, devemos permitir que nossa compaixão resplandeça.

Parte dois:

Explorando mais profundamente as emoções - Uma abordagem budista clássica

12
O caminho do Buda

Só há um canto do universo em que se pode estar certo de poder melhorar, e esse lugar é em você mesmo.
— Aldous Huxley

Quando comecei a compartilhar minhas experiências de trabalho com as emoções com meus amigos no Ocidente, percebi que precisava compreender as emoções de um ponto de vista ocidental para me comunicar a partir de uma base comum. De outra forma eu estaria apenas aumentando a confusão generalizada. Então abordei vários amigos – psicólogos, psicoterapeutas e psiquiatras – e lhes perguntei como a palavra "emoção" é definida em seus campos. O que aprendi é que a definição de emoção para essas profissões não é única. Há várias definições sendo trabalhadas, dependendo do treinamento e dos objetivos de cada profissional. Além destas, há explicações que todos damos para as emoções e que regularmente acabam em nossos sonhos, canções e histórias. Logo, ainda há muito trabalho a fazer antes de realmente entendermos o relacionamento entre a mente e o cérebro (ou experiência de primeira pessoa) e o que os cientistas são capazes de observar.

Neste ponto, gostaria de explicar a origem dos ensinamentos sobre a sabedoria das emoções e o Plano de Resgate Emocional, que se deu a partir da perspectiva do pensamento budista clássico. A tradição budista inclui extensos estudos sobre a mente baseados em milhares de anos de investigação filosófica, contemplação e experiência meditativa. A essência dessa sabedoria passou de professores experientes para alunos ávidos numa linhagem ininterrupta desde os tempos do Buda, garantindo que os ensinamentos permanecessem autênticos e frescos. Ao longo das eras, o primeiro passo no caminho de se entender as próprias emoções tem sido conhecer a própria mente. Isso significa conhecer o redemoinho de pensamentos e sentimentos, esperanças e medos que é transformado em alegria e em lágrimas pelo seu "eu" interior.

A sabedoria das emoções

Os ensinamentos do Buda são usualmente apresentados em três estágios, ou níveis progressivos de instrução. Cada estágio desenvolve um aspecto da realização completa de nosso potencial como seres humanos, e cada estágio tem seu enfoque de nos passar sua própria finalidade. Esses estágios correspondem às três formas de olhar para as emoções no Plano de Resgate Emocional: vê-las como negativas, positivas ou nenhuma das duas coisas, de forma imparcial.

O estágio inicial da jornada é onde nos focamos em nós mesmos e em nossa liberdade pessoal. Ao encarar nossos conflitos internos, aprendemos a ser fortes, independentes e responsáveis por nossas próprias emoções. Aprendemos quais são nossos problemas e o que é necessário para superá-los. Desenvolvemos uma forte determinação de nos libertarmos de nosso sofrimento. Uma vez que tenhamos desenvolvido certo poder e confiança na operação com nossa própria mente e nossas emoções, no segundo estágio começamos a nos estender aos outros. Nosso mundo fica maior e mais inclinado ao relacionamento. Finalmente, no terceiro estágio, nossa consciência se abre, naturalmente nos conectando com todas as energias vívidas ao redor.

Assim sendo, como trabalhamos com as emoções de acordo com este plano de três camadas? Na literatura budista, há três emoções primárias: paixão, agressão e ignorância. Todas as outras emoções perturbadoras vêm dessas três e contêm elementos de cada uma. Trabalhamos em estágios para transformar todas essas energias negativas e também para retorná-las a seu estado natural de consciência límpida, empática. Uma prática que nos ajuda é examinar a própria experiência dia após dia e reconhecer quando qualquer uma das três emoções primárias surge, também reconhecendo os problemas que podem causar.

Shantideva, um grande mestre indiano do séc. VIII, deu o seguinte exemplo de como a obsessão – parente próximo da paixão – pode fazer com que o prazer se torne grande sofrimento. Imagine que você encontre mel com um cheiro tão doce que o faça sentir um desejo forte de prová-lo. Há um problema: esse mel saboroso não está numa tigela bonita com uma colher. Ele está cobrindo uma lâmina muito afiada. Você lambe o mel de leve, só um pouquinho. Porém ele é tão delicioso que logo você quer um pouco mais. Lambe de novo, dessa vez um pouco mais ávido, e então de novo, ainda mais entusiasmado, até que o ardor pelo mel toma conta de você. Quanto mais obcecado se tornar, com mais avidez lamberá o mel. Embora de início o gosto traga uma sensação de deleite, aumentando o desejo pelo doce, não percebemos que com cada lambida estamos cortando uma parte da língua com a navalha. Este é um exemplo "proibido para menores", devido à violência.

Tipos um pouco diferentes de sofrimento são causados pelas emoções da agressão e da ignorância. Quando a mente é controlada pela raiva, é impossível encontrar qualquer senso de paz. O corpo vibra, a mente ferve. Não conseguimos nos concentrar, relaxar e nem mesmo dormir bem à noite. Quando estamos operando sob a influência da ignorância, sofremos de certo tipo de cegueira. Como ao tentar distinguir os objetos num recinto pouco iluminado, nossas percepções são vagas. Não reconhecemos as próprias emoções quando surgem, nem compreendemos seus efeitos ou as ações que elas nos levam a cometer. Essencialmente, não reconhecemos a conexão entre nosso sofrimento e a mente ignorante. Há uma qualidade de ignorância, de entendimento limitado, dentro de todas as emoções perturbadoras. Com a prática do caminho budista esta falta de consciência se transforma em consciência lúcida e discernimento.

Se não compreendemos como nossas emoções funcionam, estamos à sua mercê. Podemos ser felizes uma hora e nos sentirmos tristes e sozinhos logo em seguida. Não há um canal meteorológico que informe a temperatura para nossas emoções. Não sabemos se o que nos espera é um dia ensolarado ou nublado. Por que simplesmente não podemos ser felizes? O Buda disse que a causa disso é nossa fixação a uma noção equivocada do eu. Esse eu, centro de nosso universo pessoal, não é lá tudo isso que parece. Tendemos a lhe atribuir qualidades que ele de fato não possui.

Por exemplo, sentimos que esse "eu" é fundamentalmente o mesmo a cada momento, dia após dia, ano após ano. "Do nascimento até este momento, tenho sido eu mesmo. Embora haja certas mudanças (crescimento e envelhecimento do corpo, desenvolvimento intelectual, acumulação de memórias e experiências), há algo que reconheço como 'eu' e que está além de todas estas alterações". A definição dessa essência permanece vaga, mas nos fixamos a uma noção de "eu" definido e duradouro, apesar de toda evidência de não sermos assim.

Procurar por esse eu ou ego pessoal é uma prática central ao caminho budista. Não importa onde procuremos (no corpo, na mente ou no céu), ele não pode ser encontrado. O que encontramos é um fluxo belo, rico, criativo e dinâmico de experiências. Encontramos um mundo de sentidos e um fluxo de pensamentos, sentimentos e imaginações. Em algum nível instintivo, sentimos que isto a que estamos nos fixando é apenas uma ilusão de permanência e solidez. Devemos nos libertar ou nos agarrar a isso? Inclinamo-nos a uma nova experiência, ou seguimos o comando do ego de ficar onde estamos para lutar? É deste espaço hesitante de dúvida e fixação que vêm as emoções perturbadoras para nos distrair da experiência direta de nosso eu verdadeiro. Você se descobre sozinho no campo de batalha das ideias e dos sentimentos conflituosos, sem poder de escolha, transformado em um guerreiro.

13
O guerreiro no campo de batalha

O amor é a única força capaz de transformar um inimigo em um amigo.
— Martin Luther King Jr.

No primeiro estágio do trabalho com as emoções, vemos as emoções perturbadoras como o inimigo e a nós mesmos como um guerreiro no campo de batalha. Normalmente, quando dizemos "inimigo" estamos nos referindo a alguém que nos prejudica, que nos inflige dor e sofrimento. Neste sentido, as emoções negativas que nos machucam tão profundamente são inimigos verdadeiros e respeitáveis.

As emoções como inimigas

Ver a si mesmo como um guerreiro no campo de batalha é um exemplo tradicional dos sutras budistas. Lutamos mano a mano, diretamente com o inimigo. Temos que lidar vigorosamente com cada um dos oponentes sem hesitação ou estamos perdidos. Agressão, paixão, inveja, arrogância, ignorância, ansiedade – todas as emoções têm suas formas de destruir nosso bem-estar e nossa felicidade. Então, quando estamos encarando uma emoção poderosa que ameaça nossa sanidade, o que fazemos? No exato momento em que ela nos ataca, tentamos destruí-la. Tentamos derrotar as energias negativas antes que consigam nos dominar. Nossa capacidade de lutar e nossa habilidade ao usar as armas à nossa disposição depende de quanto conquistamos no treinamento básico (as artes do estudo, contemplação e meditação).

À medida que ganhamos experiência no campo de batalha, desenvolvemos uma sabedoria de guerreiro. Começamos a possuir um conhecimento profundo dos pontos fortes e fracos do inimigo – particularmente de seus pontos fortes. Dessa forma, nunca o subestimamos. Também temos autoconhecimento. Conhecemos nossos pontos fortes e fracos e sabemos quando precisamos ir em busca de mais treinamento. Armados destas sabedorias, estamos preparados para ludibriar os adversários. Quando uma emoção surge contra nós, reconhecemos seu poder destrutivo. Sabemos com o que estamos lidando. Lembramos que até mesmo um pensamento aparentemente inocente de agressão pode repentinamente estourar e causar terrível sofrimento, caso percamos nossa presença mental e atenção.

Nesta guerra que ocorre no campo de batalha de nossa mente, temos o inimigo, a Mente Emocional, e o rei que comanda esta mente, o ego, fortificado por toda nossa fixação ao ego. E então temos os generais deste rei – os três venenos da Paixão, Agressão e Ignorância. Lá estamos nós na linha de frente do campo de batalha, com hordas de inimigos se aproximando. Eles estão armados com o mais sofisticado arsenal do Ego. São seguidos por times de engenheiros dedicados a manter as tropas de pé e avançando em nossa direção. Nesse ponto, precisamos admitir que estamos completamente sós neste campo de batalha, mas ainda estamos de pé, cheios de coragem e força.

Ao mesmo tempo, sabemos que temos certas fraquezas. Não vamos vencer todas as batalhas. Caso a força do inimigo seja demais, não será possível derrotar os generais e os exércitos da mente negativa e talvez o melhor seja fugir. Algumas vezes o movimento mais sábio que se pode fazer é uma retirada estratégica. Não devemos ser guerreiros estúpidos. Não se trata de uma batalha suicida.

Para onde vamos quando fugimos do campo de batalha? Fugimos para a almofada de meditação. Não há nenhum outro destino. Quando precisamos aprender mais sobre o ego e suas forças, corremos para a almofada para aprender mais sobre o funcionamento da mente. Olhamos para ela para descobrir as armas que as emoções negativas possuem e as técnicas sorrateiras que utilizam para nos dominar.

Neste ponto, nos aproximamos das emoções com certo cuidado. Para neutralizar a energia negativa da mente é preciso conhecer muito bem seu poder negativo. Enviamos nossos espiões (a presença mental e a atenção) para estudar os movimentos inimigos e tirar fotos de seu acampamento até que estejamos prontos para avançar e botar as habilidades a teste. Sempre podemos fugir, voltar a atacar e fugir novamente. Como guerreiros inteligentes, temos nossos truques.

Em alguns filmes de artes marciais o menino vulnerável é violentamente surrado pelo brigão prepotente. O garoto, machucado e quase morto, não tem escolha senão fugir enquanto pode. Ele é salvo por um velho bruxo das artes marciais, que o treina e faz dele um campeão. O vemos trabalhando com bastões, correndo e se lançando no ar feito um macaco. Finalmente, o menino aprende todos os truques de um herói. Quando se depara novamente com o brigão, é um verdadeiro embate que testa as habilidades de cada lutador. Desta vez ele tem sucesso, mas não apenas com o uso da força. É com o poder da coragem, resistência e compaixão que ele corta todos os impulsos negativos, e assim o inimigo, transformado, se curva em seu respeito.

A almofada de meditação é onde descobrimos nossos recursos interiores e o poder de derrotar o inimigo. Ali finalmente somos capazes de reivindicar a sabedoria e a compaixão que não podem ser derrotadas e que são naturalmente nossas. Quando confiantemente nos conectamos com a sabedoria e a compaixão, estamos prontos para voltar e encontrar o inimigo: a mente negativa. Conquistar a própria mente negativa é na verdade o mesmo que conquistar a mente negativa e emocional dos outros. Como isso é possível? Quando se é vitorioso sobre as próprias emoções destrutivas, temos um impacto muito forte sobre o mundo, e assim levamos os outros ao mesmo nível de paz e tranquilidade. Todos já ouvimos falar de pessoas que fizeram exatamente isso – Dr. Martin Luther King Jr., Nelson Mandela e Aung San Suu Kyi.

Então, sempre que precisarmos nos revitalizar e fortalecer, aproveitamos a retirada estratégica. Depois voltamos à luta. Guerreiros nunca fogem para sempre.

As emoções como amigas

No segundo estágio, o guerreiro usa uma abordagem diferente com o inimigo. Não estamos mais vendo as emoções como algo negativo, algo a ser rejeitado e descartado enquanto se busca uma coisa melhor. O que agora vemos é que há um lado positivo nelas. Reconhecemos que, ao trabalhar com a energia das emoções negativas, podemos transformá-las. Em vez de ver paixão, agressão e ignorância como puramente tóxicas, sabemos que podemos usar estas energias para nos libertarmos de todo o caos emocional.

Depois de tantas batalhas, os velhos inimigos começam a parecer nossos amigos. Reconhecemos que, se não nos deparássemos com eles, nunca teríamos nos tornado guerreiros. Caso não houvesse territórios hostis, não haveria nada a conquistar. Quando as emoções começam a surgir no campo de batalha da mente, já não nos sentimos assustados ou irritados. A coragem surge simultaneamente. Dizemos a nós mesmos: "Que venham!" – e, de fato, nos sentimos felizes quando isso acontece. Vemos essas emoções poderosas como dotadas de muita bondade. Os desafios que trazem nos fazem ainda mais fortes!

Nesse ponto, o relacionamento com as emoções mudou completamente. O impulso é se aproximar delas – não lhes dar um golpe fatal, e sim fazer uma conexão genuína. Somos atraídos pela paixão e pela agressão da mesma forma que nos sentimos atraídos por pessoas com quem queremos fazer amizade. Desenvolver essa conexão entre guerreiro e inimigo é um pouco arriscado. Demanda toda sabedoria e habilidade disponíveis ao guerreiro. Não há garantia de resultado – estamos lidando com emoções muito fortes que ainda podem agir como inimigas por um tempo. Porém, na medida em que desenvolvemos uma amizade com elas, o seu poder se integra com o nosso. Começamos a nos beneficiar da mesma energia contra a qual antes lutávamos tanto.

O objetivo de um bom guerreiro é conquistar – não matar – as forças inimigas, trazendo felicidade e alegria a todos os lados: às suas tropas, ao seu povo e também àqueles associados ao inimigo. A destruição *não* é o objetivo. Sua meta é transformar toda espécie de sofrimento em felicidade para todos os seres capazes de sentimento e pensamento. Nossa capacidade de realizar o que nosso coração deseja realmente depende de nossa capacidade de conexão com o inimigo e de desenvolvermos amizade com ele. Essa reunião enriquece e eleva todas as habilidades e qualidades de um guerreiro.

As emoções como sabedoria iluminada

No terceiro estágio do trabalho com as emoções, o guerreiro reconhece que a potência bruta e criativa das emoções é, por si só, a própria sabedoria da iluminação. Neste ponto, tomamos as próprias emoções como caminho. Utilizamo-nas para reconhecer a sabedoria natural de nossa própria mente.

Reconhecemos que todos aqueles estados perturbadores – a raiva, a inveja, a paixão, o medo, a dúvida e a ansiedade (dos quais tanto fugimos em certo ponto, e os quais depois tentamos transformar) estão, na verdade, expressando diversas qualidades da sabedoria. Não é preciso frear ou mesmo modificar essas emoções. Se for possível desapegar a mente emocional dos conceitos que a obscurecem (como nuvens que bloqueiam a luz do sol), então poderemos realmente ver o estado mental iluminado.

Esteja olhando para a raiva, para a paixão, para a ignorância, para o próprio ego ou para qualquer elemento da mente emocional, suas emoções sempre lhe darão uma mensagem mais profunda do que a simples dor e o desconforto de sua energia perturbadora. Sua presença vívida funciona como um espelho que nos ajuda a ver nossa própria face. Mas não estamos à frente do espelho numa sala escura. A consciência é a luz que ilumina o espaço e nos permite ver esta face refletida no espelho. As emoções nos ajudam a ver nossa própria natureza (nosso eu transcendente, além do ego). Quando vivenciamos isso de forma simples, sem adicionar muitos comentários, há um sentido de unidade e inteireza. Nesse ponto, não só vemos nossa própria face, mas a reconhecemos.

A experiência do terceiro estágio é difícil de descrever porque os aspectos essenciais desse processo de transformação estão além dos conceitos. Nesse ponto, o guerreiro no campo de batalha entra numa dimensão cósmica e se move de acordo com a compreensão intuitiva do coração. A batalha com o ego e seus generais ainda está acontecendo, mas o resultado não está mais em questão. O guerreiro tomou controle completo da grandiosa expansão – o vasto espaço brilhante da consciência. Ele confia que o espaço lhe pertence. Não é mais um território inimigo. Ele se unificou com essa grandiosa expansão. Quando o guerreiro se move, parece que todo o espaço está se movendo, como se o mundo inteiro tremesse. Dentro dessa unidade de guerreiro e espaço, os inimigos – as emoções perturbadoras e os pensamentos de fixação ao eu – surgem no espelho cósmico. Essas imagens coloridas dão vida e ornamentam o espelho que, sem elas, seria chato de se olhar.

Nesse estágio, é como se o guerreiro comandasse não só a expansão do espaço, mas também toda a terra e os oceanos. As aparições de paixão, raiva e inveja são como ondas. Surgem do mar da mente e se dissolvem de volta nele. Na medida em que o guerreiro veleja pelo vasto oceano da mente, ondas de todas as dimensões se erguem, desafiando sua coragem, sua confiança e, ao mesmo tempo, embelezando o mar. As ondas tornam a jornada um tanto assustadora, mas também mais interessante e divertida. Um oceano sem ondas é sem graça. Ninguém quer navegar um mar assim. Da mesma forma, a mente sem conceitos e emoções é bastante apagada e estúpida.

O oceano embelezado por ondas é como o guerreiro ornamentado pelas aparições do inimigo. O que significa isso? Aparições que "ornamentam" a experiência tornam-na rica e vívida, até mesmo alegre. O guerreiro não mais vê o oponente como um adversário – nem mesmo trata o inimigo como amigo. Estas noções são enfim transcendidas e se tornam parte do coração repleto de coragem. Nesse momento, a vitória é espontânea. A vitória permeia tudo. A vitória é união em êxtase. O guerreiro, esse ser heroico, surge em esplendor, decorado com todos os ornamentos brilhantes do inimigo.

Talvez seja difícil entender tudo isso agora. Isso é compreensível e não há problema. Trata-se de uma jornada que nos leva a novos lugares. Ou talvez estejamos retornando a um lugar que já visitamos. Já provamos a comida e vimos alguns pontos turísticos, mas agora estamos prontos a aprender a língua desse país que começa a se parecer com nosso lar. Não há pressa. Dia a dia nos familiarizamos mais com o frescor do novo ambiente.

Esse sentido de proximidade ou unidade entre o guerreiro, o espaço e o inimigo é uma notícia terrível para o ego. Ao mesmo tempo, é uma ótima notícia, porque a sabedoria que enfim encontramos é a sabedoria que está dentro do ego. Aquele que está fazendo essa jornada, no fim das contas, é o próprio ego. A viagem espiritual começa como uma viagem do ego. É esse "ego audaz" que se coloca nessa busca para se libertar de si mesmo. É o ego que busca o caminho da sua própria ausência. Então há certa mágica nesta autofixação do ego: a sabedoria está presente.

É a mesma sabedoria presente nos generais do ego – nossa paixão, agressão e ignorância – bem como nos corações de todos os soldados da infantaria. Porém, caso estejamos buscando respostas em algum outro lugar, não reconheceremos a magia. Podemos encontrar soluções por todo lado, até mesmo a questões que ainda não perguntamos. Estão tão próximas quanto o smartphone. A sabedoria genuína que pode transformar nossas vidas está ainda mais próxima do que isto: encontramo-la ao depositar confiança não em algo fora de nós, mas em nossas próprias emoções, em sua sabedoria e neste belo ego audaz (assim como em sua sabedoria interior).

14
O que é um budista?

Muitas vezes uma mudança do eu é necessária, e não uma mudança de ambiente.
— A. C. Benson

Não é necessário ser budista nem mesmo ter inclinações espirituais para usar o Plano de Resgate Emocional. Estes métodos não farão de você um budista. Porém, uma vez que os princípios e práticas estão enraizadas na tradição budista, como é possível que seja assim? Talvez seja melhor começar olhando para a própria tradição. O que é um budista e o que é essa coisa chamada "caminho budista"?

Ser budista significa estar disposto a trabalhar com a própria mente e desenvolver nosso potencial inerente, de forma a manifestar sabedoria e compaixão. Esse é o ponto central do budismo e o atributo que caracteriza um budista. Ainda que o budismo seja considerado uma das religiões mais importantes do mundo, os ensinamentos do Buda não são necessariamente religiosos e tornar-se um budista não é o mesmo que se juntar a uma igreja ou grupo religioso. Claro, existe a opção de uma abordagem budista mais religiosa e embasada na fé, e há muitos exemplos disso ao redor do mundo. Mas seguir o exemplo do Buda implica mais do que isso. É preciso olhar para o próprio ser em um nível muito mais profundo e trabalhar para revelar isso.

Essa visão do budismo está mais próxima, por um lado, de uma filosofia de vida, e por outro, de uma ciência da mente, no sentido de que se trata de uma forma de buscar o conhecimento da mente, e então usar essa sabedoria para potencializar a própria vida. O budismo praticado desta forma é direto e pé no chão. Pode ser uma forma de simplificar as coisas em nossas vidas em vez de complicá-las, como algumas vezes a religião faz.

Nossas vidas e nosso mundo já estão bem cheios de complicações. Precisamos mesmo de outra?

Sobretudo, o caminho budista diz respeito a quem somos e como trabalhamos com a mente, com as emoções e com nosso potencial básico. O caminho não é algo "lá fora" que precisamos buscar e encontrar antes de poder trabalhar com ele. Não é uma longa subida até uma montanha mística. Não diz respeito ao afastamento da vida comum, em nenhuma forma. É sobre lidar com quem somos, com o que somos e com as formas de transpassar hábitos negativos para deixarmos nossas qualidades mais positivas brilharem.

Um ponto-chave aqui é não separar vida e caminho. Eles podem parecer separados de início, mas unir os dois faz muita diferença em nossa experiência da jornada. Em princípio podemos pensar: "Certo, este sou eu, e então há esta coisa chamada 'caminho' que entra e sai da minha vida". Mas quando fazemos isso, tratamos o caminho como algo especial, fora do cotidiano da vida, parecido com uma festa. *Certo, agora vou para a sala meditar*. E então, tão logo saíamos da sala, somos eu e minha vida de novo e nada do "caminho" à vista. Caso isso continue sendo nosso padrão, ainda não compreendemos o ensinamento do Buda.

O caminho budista ensina uma variedade de métodos para desenvolver o autoconhecimento e nos libertarmos até mesmo de nossos mais profundos sofrimentos. O que causa toda esta dor são as muitas camadas de confusão que nos impedem de ver a natureza clara de nossas mentes. É só esta confusão que nos impede de expressar nossa compaixão e bondade inerentes.

Um workshop do Buda: Afiando a mente

É dito que o Buda ensinou 84 mil métodos para trabalhar com a mente – o que nos deixa com uma espécie de caixa de ferramentas em que há algo específico para cada um de nós. Numa caixa de ferramentas desse tamanho, encontramos todos os tipos de dispositivos para usar em diferentes situações. Caso tenhamos um parafuso frouxo, precisamos de uma chave de fenda ou de uma chave Philips? Se usarmos a ferramenta errada, podemos não conseguir terminar o trabalho e até piorar a situação. Podemos destruir o parafuso ou danificar o furo na parede. Caso usemos a ferramenta certa, é um trabalho simples. Porém, as ferramentas ainda não saltam da caixa e vão trabalhar sozinhas, não é mesmo? É preciso que você mesmo faça o trabalho.

Todas as instruções do Buda para trabalharmos com nossas mentes são apenas ferramentas para consertar certos tipos de problemas. Primeiro precisamos obter as ferramentas, conhecer bem para que servem e então aprender a usá-las. Também precisamos estar dispostos a usar a ferramenta certa quando chegar o momento certo – mesmo quando as coisas começam a cair aos pedaços e estamos nos sentindo meio trêmulos.

Desta forma, os ensinamentos do Buda são como um projeto de autoajuda, do tipo que vemos nas revistas na sala de espera do consultório médico. Enquanto trabalhamos com essas instruções, aos poucos entendemos o que são de fato nossa mente e nossas emoções, e começamos a absorver o conhecimento até que ele se torne nossa experiência pessoal. No fim das contas, a experiência se torna tão familiar que ela se aprofunda numa realização que vai além das palavras. É como ler um livro e entender as palavras, vivenciar os seus significados e então efetivamente corporificar seu sentido, levando uma vida enriquecida e potencializada.

O entendimento primeiro se desenvolve ao ouvirmos ensinamentos e assistirmos aulas que envolvem ler e discutir textos. Isto leva a uma compreensão conceitual clara dos ensinamentos do Buda sobre a mente, e reconhecemos que essa mente conceitual possui uma qualidade brilhante e lúcida – não é apenas uma coleção de pensamentos aleatórios. Quando paramos um tempo para refletir sobre o entendimento que obtivemos com nosso aprendizado, surge a experiência. Não ficamos apenas *pensando* sobre a mente, mas de fato *usamos* nosso conhecimento. Já estudamos como funciona a raiva, então podemos pegar o que aprendemos e aplicar em uma experiência real. Permitimos que nosso conhecimento e nossa experiência se esfreguem um no outro até gerarem uma faísca de discernimento.

Quando isso acontece, é um bom momento para meditar. A meditação é o ambiente perfeito para o surgimento da realização genuína. A realização nasce quando aquela fagulha de discernimento se inflama e todos os pensamentos confusos se consomem num fogo de sabedoria. Podemos ter muitas fagulhas acontecendo aqui e ali ao longo do tempo. Elas vêm e vão, mas quando as chamas finalmente fulguram, a realização da sabedoria das próprias emoções permanece imutável.

A prática da qual estamos falando é a meditação sentada ou em repouso. São ensinados muitos tipos de meditação, alguns envolvendo a recitação de mantras ou a visualização de imagens de Buda. Mas as instruções do Buda para a meditação em repouso são "apenas sentar". Não há mais nada a fazer senão manter uma postura ereta relaxada com um olhar suave e seguir a respiração. Quando os pensamentos surgem, os deixamos ir.

Mais sobre meditação

Estamos acostumados a pensar constantemente sobre o que aconteceu ontem ou o que pode acontecer daqui a dez anos. Somos viajantes no tempo da mente, constantemente indo do passado para o futuro e vice-versa. Não ficamos confortáveis apenas permanecendo no momento presente. Preferimos nos ocupar *fazendo* algo – mentalmente, caso fisicamente não seja possível. Então, no início, a prática de apenas sentar soa bastante radical. Mas comprovadamente é a melhor forma de se soltar do estresse e da ansiedade de sempre, e aplacar aquela inquietação que nunca parece sumir por completo.

O ponto da prática de meditação é, em primeiro lugar, mudar os hábitos comuns, como a nossa rotina excessivamente ocupada. Podemos apenas sentar e não fazer nada por um tempo. A única tarefa é olhar para a mente. Quando o fazemos com presença mental, lembrando-nos de retornar a atenção a cada distração, não há muito espaço para os velhos hábitos fazerem muita coisa, exceto aparecerem por alguns instantes. E isso é uma grande mudança.

Na medida em que nos assentamos na prática, vivenciaremos um senso de abertura e espaço, uma claridade e brilho que reconhecemos como nosso estado natural, a própria natureza da mente. Aqui o sofrimento não tem poder – ele se dissolve assim que surge, desaparece sem deixar rastro.

Há muitas variedades de meditação, mas todos os métodos incluem um sentido de assentar a mente e o corpo e trazer a consciência ao momento presente. Podemos descansar a mente suavemente sobre um objeto visual ou gentilmente colocar a atenção no ir e vir da respiração, como auxílio ao processo de assentamento. Quando nos damos um tempo para sentarmos quietos e meditarmos dessa forma, relaxamos todo o esforço extra de sempre e simplesmente somos quem somos. É um jeito de vir a se conhecer de uma forma muito mais íntima. Estamos apenas sentados e observando a mente, o ir e vir dos pensamentos, emoções e sensações – vendo todas estas coisas e deixando-as ir. Não precisamos fazer nada

– consertá-las, resolver suas questões, avaliá-las, rotulá-las, louvá-las ou puni-las. É um processo leve de "fazer contato e seguir em frente". Quanto menos incomodamos os pensamentos, menos eles nos incomodam.

Num dado ponto, conhecemos a própria mente. Reconhecemos o que a dispara e o que a acalma. Ouvimo-la enquanto tagarela, até que aos poucos nos tornamos amigos. Começamos a descobrir não só a tendência de nossa mente de se manter teimosamente fazendo as coisas do seu jeito, mas também sua capacidade para discernimento, criatividade e compaixão. Esta mente ocupada, muitas vezes estressada, que tomamos como algo usual, tem muitas qualidades ricas e poderosas que nunca antes imaginamos ou reconhecemos.

Quando olhamos para nosso interior desta forma, entramos no domínio criativo e energético das emoções. Logo conseguimos distinguir com rapidez uma emoção da outra, assim que se apresentam à mente. Deixa de ser apenas uma experiência nebulosa. E tudo isso vem do hábito de sentar e observar o que acontece na mente, da mesma forma que observamos as crianças brincando ou as nuvens flutuando.

Quando já ouvimos algo dos ensinamentos do Buda sobre a mente e já contemplamos seu sentido, abrimos a caixa de ferramentas e começamos a aprender como usá-las. Com pouca prática de meditação, percebemos que conseguimos de fato trabalhar com a própria mente, acalmá-la, despertá-la ou diminuir sua "temperatura". Começamos a perceber que estamos no controle e que o nosso caminho é verdadeiro. Algo está dando certo. Explorar as emoções se torna cada vez mais interessante.

Uma história de minha mãe

Minha mãe me contou esta história. A primeira vez que foi ao cinema, na Índia, estava acompanhada de uma amiga. Foram assistir a um filme com um ator indiano bastante famoso. O mocinho do filme, esse ator, era torturado pelos vilões. Eles o surravam até que começasse a sangrar e exibisse cortes por todo o corpo. Então os vilões decidiram torturá-lo ainda mais, esfregando sal nas suas feridas. Minha mãe disse que a sua amiga ficou tão perturbada com isso que se levantou e gritou: "Não, não, não, parem! Não, não façam isso!". Ela gritou a plenos pulmões no cinema! É tão fácil se perder em outra realidade...

No início, sabemos que vamos apenas assistir a um filme – é faz de conta. Mas depois de um tempo começamos a acreditar no que vemos na tela. De fato, isso é o que esperamos de um "bom filme". Envolvemo-nos na ação e esquecemos que caímos na ilusão do diretor e agora compartilhamos dela. Fomos apanhados pelo drama das emoções e acabamos gritando para as luzes na tela.

A questão então é: como trabalhamos com isso? Como podemos fazer para parar essa teia em que sempre acabamos presos? Precisamos de uma estratégia de saída. Qual é o plano de fuga?

A meditação é o primeiro lugar onde encontramos a mente de forma direta e onde podemos transformar as tendências habituais que nos fazem sofrer. Não conseguimos mudar essas marcas profundas em apenas um encontro face a face, mas a meditação coloca o processo de mudança em movimento. Simplesmente levamos a experiência cotidiana de pensamento e emoção, os altos e baixos, o sentir-se preso e confuso – o que quer que estejamos vivenciando – para a experiência meditativa. De outra forma, é muito difícil descobrir a melhor estratégia para transformar um hábito emocional que tomou conta de nós. *Lá vem minha ex com seu novo namorado.* Qualquer presença mental e consciência que porventura tenhamos cultivado em meditação será chave no desenvolvimento do poder de transformar a tendência negativa exatamente quando ela surge. Com tempo e prática, o processo não demanda esforço. Não precisamos pensar muito a respeito.

No final das contas

No final das contas, não há benefício algum em todo estudo e contemplação se não os utilizarmos para trabalhar com a mente. Se você se limitar a ler alguns livros e pensar sobre as palavras ao longo de todas aquelas páginas, será como ir a um bom restaurante, pedir uma refeição maravilhosa e nunca chegar a comê-la. Nossa fome não será nunca satisfeita. Da mesma forma, sem praticar meditação nunca se chega ao ponto de realmente saborear a natureza da própria mente. Nunca se chega ao lugar de apreciar e aproveitar a sabedoria que é a verdadeira natureza das emoções. Nesse caso, todo conhecimento é como dinheiro de brinquedo. Não é possível gastá-lo para conseguir o que você quer.

Há momentos em que temos mais ou menos dificuldades, é claro. Quando estamos felizes e saudáveis, com alguns reais sobrando no bolso, talvez não estejamos muito preocupados. Mas diante de dificuldades, sentindo medo e raiva dia após dia, ou quando somos devastados por uma grande perda, aí a história é diferente. Tempos difíceis surgem para todos nós quando estamos em nosso leito de morte, fitando aquele teto branco. Quem nos ajudará quando todos os apegos, arrependimentos e medos vierem bater à nossa porta?

Caso você seja uma pessoa afortunada, nesse momento terá o apoio de uma família amorosa e de bons amigos. Ainda assim, seu melhor e mais confiável conselheiro ainda é a própria mente. Depois de certo ponto, ninguém mais poderá seguir junto com você na sua jornada. Ninguém será capaz de ver o que você vê ou sentir o que você sente à medida em que atravessa a transição que marca o fim da vida. Naquele momento e além dele, é só você e a mente. Quanto mais aprender sobre ela, melhor saberá assentá-la e relaxá-la. Por isso olhar para a própria mente com a meditação é tão importante. Nosso último pensamento pode ser o que nos liberta.

Caso estejamos familiarizados com o trabalho mental, temos tudo de que precisamos. Não é necessário ninguém para nos salvar. Temos as ferramentas – a sabedoria e o poder – para transformar completamente qualquer emoção que surja para nos desafiar.

15
A caixa de Pandora

O coração é o que nos impulsiona e determina nosso destino.
— Isabel Allende

Quando começamos a trabalhar com as emoções, temos que jogar luz sobre lugares que nunca antes olhamos. Pode ser um pouco assustador, como abrir a caixa de Pandora. Não sabemos o que vamos encontrar. Será que libertaremos forças obscuras que seremos incapazes de controlar ou de devolver à caixa? Descobriremos algum tipo de tesouro fabuloso?

Quando finalmente abrimos a caixa da *mente* encontramos todo tipo de coisa. Há pensamentos, percepções, memórias, julgamentos, atitudes, rótulos e conceitos – novos e velhos, ativos e passivos – se debatendo ali dentro. Para algumas pessoas, pode ser como a gaveta de tralhas na cozinha. Para outros, tudo estará num lugar bem designado – eles foram a uma loja de recipientes e compraram organizadores para todas as peças. De todo modo, continuamos acrescentando coisas a essa coleção ao processar todas as experiências por um filtro de ideias e julgamentos preconcebidos. Estamos continuamente tentando entender nossas experiências momento a momento, interpretando-as pelas lentes de compartilhamentos de Facebook, posts de blog e tweets.

Por outro lado, também há uma qualidade da experiência que é imediata e direta. É uma espécie de encontro sem filtro com o mundo. Não há nada entre nós e aquela mensagem de texto, entre nós e a voz de nosso filho. Não há conceitos de "bom" e "mau" amontoando-se sobre a vivacidade da experiência presente. Há só um momento de percepção direta simples, seguido rapidamente por um pensamento. Por exemplo, o olho vê um objeto e então a mente diz "flor" ou "bicicleta". Porém, logo antes daquele pensamento, há uma experiência original com uma qualidade de conexão humana genuína. Chamamos essa experiência original de mente "primordial". Soa como algo muito distante, que está lá no passado longínquo em que os dinossauros caminhavam sobre a Terra, mas não é esse o seu significado. Quer dizer "bem agora, neste exato momento". Há um sentido de experiência de primeira mão que não é baseada na opinião ou na percepção de ninguém, nem dos seus próprios pensamentos.

Todos os processos mentais, rótulos e conceitos que surgem depois disso têm um jeito de confinar ou espremer nossa experiência num túnel muito estreito. Logo acabamos só com essa visão em túnel: vemos apenas aquilo que nossos pensamentos querem nos permitir enxergar, ouvimos só o que nossos pensamentos permitem que escutemos, cheiramos somente o que nossos pensamentos autorizam e assim por diante. Isto é exatamente o oposto do que o Buda ensinou sobre como trabalhar com a mente: quando vir uma flor, apenas a veja. É simples. Não se adiciona nada. Quando se ouve uma música, apenas se ouve e assim por diante.

Em nossa vida cotidiana, geralmente perdemos o frescor de experiências desse tipo. Tendemos a passar por cima do momento e só acordar quando o novo conjunto de experiências se interpõe. Estamos lá quando nossos medos, esperanças e opiniões pedem, mas estamos em outro lugar, perdidos em pensamentos, quando a conexão direta e pura acontece pela primeira vez.

Por que isto é importante? A percepção direta nos dá informações mais precisas, o tipo de conhecimento necessário caso queiramos seguir nosso plano de resgate. Também é mais refrescante e revigorante ver as verdadeiras cores do céu ou a camisa que estamos vestindo antes de sair pela porta para o trabalho.

Como Buda vê as emoções

De acordo com o Buda, nossas emoções estão se desenrolando dentro de um grande campo de energia, uma expansão de vivacidade, lindamente brilhante e cheia de fagulhas. Este campo de energia é como água pura que não tem cor ou formato fixo. É claro, transparente e refrescante. Os pensamentos entram e colorem essa energia com seus rótulos, julgamentos e histórias. Cada ideia age como uma gota de pigmento que solta sua cor ao ser misturada na água. Quando a energia pura da mente genuína se mistura com o pensamento, o que se obtém? A mente fica muito colorida, brilhante e expressiva – e é a isso que chamamos de "emoções".

No fim das contas, o que há nesse drinque emocional tão forte (que não é nem um pouco como aquelas bebidas vitaminadas roxas e rosas sem vitamina alguma)? Há apenas dois componentes: energia e conceitos. A energia é brilhante, refrescante, nutritiva e sustentadora, e os pensamentos dualísticos colorem e até mesmo dão sabor a essa substância energética. E isso é tudo. A mistura acaba sendo um drinque realmente potente!

Agora que a energia e os conceitos estão juntos, a mente conceitual começa a ligar coisas que não estão relacionadas e nós aceitamos isso. "Não lave minha camisa da sorte! Tem um jogo importante hoje". "Como foi que aquele cara de São Paulo tirou uma nota melhor do que eu – com certeza colou na prova!". E é assim que começamos a inventar coisas.

Nossa mente conceitual é muito esperta ao dar cor e sabor a essa energia. E igualmente esperta ao lhe dar localização. Porque, na verdade, a energia de nossas emoções não tem localização. Ela é clara, aberta, espaçosa e brilhante, um campo de energia sem fronteiras. Ela está presente antes de qualquer conceito, antes de qualquer ponto de referência. Nela não há uma coisa tal como "eu", "você" ou "ali" e "aqui". Então o trabalho de nossa mente conceitual é prendê-la a um único local. Fazê-la se tornar algo com que podemos nos relacionar usando os pensamentos. E então ela apregoa uma localização e um sentido de relacionamento a essa energia aberta.

Sem isso, estaríamos totalmente perdidos nesse mundo. Localização e relacionamento são os pontos-chave da nossa sensação de que tudo está bem e nosso mundo faz sentido. Por isso o Google é tão importante. Caso não saibamos onde estamos, sacamos o telefone. Abrimos o Maps e clicamos em "minha localização atual". O aplicativo vai dizer onde você está e para que direção deve ir. É isso que nossa mente conceitual está fazendo o tempo todo: está desenvolvendo um sentido de realidade tangível que inclui um lugar para nós e para os outros. Isto nos permite nos relacionarmos de várias formas. Essas coisas operando juntas fazem a mente emocional mais intensamente colorida, vívida e brilhante. Essa qualidade das emoções é como o gás no refrigerante, dá graça a algo que, sozinho, seria bastante chato e parado.

Não há dúvida de que as emoções são a força motriz em nossa vida. A raiva, a inveja, a paixão e o medo. Ao mesmo tempo, quando realmente olhamos para nossas emoções, é muito difícil encontrar qualquer entidade sólida chamada "raiva" ou "paixão". Fora estas duas coisas, energia e conceito, não há mais nada ali. Não há nada substancial ou sólido, nada que se possa apanhar.

Quando temos um acesso típico de raiva (energia mais conceito), vivemos uma expressão da qualidade perturbadora e conflituosa da energia. Quando estas duas coisas se unem, a expressão pode ir para qualquer um dos lados. Podemos vivenciá-la como algo suave ou duro, negativo ou positivo. Caso olhemos a raiva, puramente no nível da energia, descobrimos que sua natureza verdadeira é a compaixão. Há um sentido básico de gentileza, calor e abertura neste campo de energia, bem como a experiência de um poderoso potencial criativo.

Certa ocasião eu estava assistindo o vídeo de um ensinamento concedido por um de nossos mestres mais velhos na linhagem. Ele ensinava o *Sutra do Coração*, o discurso clássico do Buda sobre vacuidade. O sutra descreve com bastante beleza como tudo é vazio, sem essência. E então esse mestre começou a falar sobre como as emoções são ruins, negativas, e que é absolutamente necessário superá-las e reconhecer sua natureza vazia. Foi quando um aluno ocidental na plateia perguntou: "Se temos que nos libertar de todas as emoções, como seremos criativos?" Esta pergunta é razoável.

A maior parte das culturas modernas entende que as emoções contribuem para nossa criatividade. Temos inúmeras canções inspiradas por emoções difíceis, basta ouvirmos blues, country e rock. Está tudo ali: desapontamento e arrependimento, ânsia, ciúmes, culpa, todas as esperanças e medos que surgem de nossa paixão.

Uma de minhas alunas adora música clássica. Durante um período, ela se dispôs a ser minha motorista, me levando para encontros e obrigações. Estava o tempo todo ouvindo Beethoven, Schubert e os demais grandes compositores. Eu não tinha opção senão os ouvir também (em vez do meu Guns N' Roses costumeiro). Porém, vim a descobrir que essa tal música clássica é poderosamente efetiva, simples e direta: outra abordagem para o mesmo coração compassivo.

Assim, as emoções são sem dúvida uma fonte de criatividade. Mas, a fonte verdadeira da criatividade é essa energia pura que não tem conceito, pensamento ou rótulo agregados. É um momento de consciência pura e energia, em vez de conceito e energia. Pode ser que alguns pensamentos rotulem, logo antes ou logo depois, mas no momento imediato não há rótulo. E é isso que qualquer artista verdadeiro vai nos dizer – quando o pintor pinta, há momentos em que o pincel apenas flui. E é o mesmo para poetas, escultores, e, é claro, músicos. Há este sentido de "musa" ou de corporificação da inspiração que de fato vive em todos nós. Quando somos visitados por essa musa, há um sentido de poder criativo operando sem esforço consciente.

Algumas vezes essa experiência pode ser provocada por emoções fortes, como uma forte paixão ou uma forte agressão. Porém, temos que ter cuidado caso entremos neste território. Precisamos nos assegurar de que conseguimos trabalhar com a energia. Lembramos que sempre há dois componentes presentes. O conceito estará também dançando com a energia. Caso não consigamos identificar qual é qual, é possível que acabemos apenas com o conceito, que é onde a criatividade fica reprimida. E então o resultado é simplesmente frustração. Mas, caso aprendamos a nos conectar com a energia e a deixá-la ser o que é, sem tentar moldá-la aos pensamentos, esta se torna uma experiência bela, iluminadora. O que ocorre nesses momentos é diferente para cada indivíduo.

De todo modo, para continuar a história original, quando eu estava assistindo àquele vídeo, o mestre dizia: "Ah, não, todas as emoções são ruins. É preciso deixá-las ir. Elas precisam ser transmutadas". Por aí se vê que há algum tipo de separação cultural no nosso entendimento das emoções no Ocidente e no Oriente. Porém, com base nos ensinamentos básicos do Buda, essa separação não existe. Culturalmente podemos ter muitas visões, opiniões e experiências diferentes, e é a isso que chamamos de interpretação. Há diversas interpretações dos ensinamentos do Buda. Este livro apresenta a minha própria, baseada tanto em ensinamentos tradicionais do Budismo Vajrayana como na *Aspiração de Samantabhadra** da linhagem Nyingma ou Dzogchen, e muitos ensinamentos da tradição Mahamudra. Essas são minhas fontes principais para a visão das emoções apresentada aqui. Assim, do ponto de vista do Budismo Vajrayana, esta energia criativa, brilhante e clara é a essência das emoções.

---

* Ver *Penetrating Wisdom: The Aspiration of Samantabhadra*, por Dzogchen Ponlop Rinpoche (Snow Lion Publications, 2006).

16
Restaurando o equilíbrio

A fama muda muitas coisas em nossa vida, mas não consegue trocar uma lâmpada.
— Gilda Radner

Caso consigamos ser diretos e honestos com relação a quem somos no cotidiano, este é um início excelente para o desenvolvimento da autoconfiança – o tipo de confiança que dá segurança para irmos onde queremos e atingirmos os nossos objetivos.

Quando nossa vida começou, uma de nossas tarefas foi aprender a nos apresentar para o mundo de forma a obter sucesso ou apenas sobreviver. Nossa vida social e nosso ganha-pão dependem de nossa imagem pública. Porém, temos nos engajado nisso há tanto tempo que em certo ponto esquecemos quanto de nossa manifestação pública somos nós mesmos e quanto é a imagem que trabalhamos com tanta dificuldade para criar. Essa situação não é exatamente nova. De certo modo refere-se à condição humana, apenas amplificada pelo momento atual e pelo estado de nossa cultura. O problema é que frequentemente acabamos sobrealimentando nosso sentido de autoimportância, até nos descobrirmos perdidos dentro de um ego inchado, com um sentido inflado de orgulho.

Mas, não precisamos nos criticar ou nos debater! O ponto não é se autodepreciar, mas ser mais realista na nossa visão de nós mesmos, desenvolvendo um senso de respeito, apreciação e alegria em nossa situação. Também devemos buscar lidar com os outros com o mesmo sentido de respeito e apreciação. E é preciso ter senso de humor com relação a tudo isso. Esse ego inchado, exagerado, é como o balão de Bart Simpson que vi na parada de Ação de Graças da Macy. Tinha cinco andares de altura! O Bart Simpson "real" (se é que podemos dizer isso) é apenas um garotinho.

Quando você olha para outra pessoa, faz a mesma coisa – infla as qualidades dela, principalmente as negativas. Temos grande consideração por nós mesmos e por nossas qualidades "superiores", e temos certo prazer ao reconhecer as qualidades inferiores dos outros. É uma coisa doida, que opera em favor de nossas emoções perturbadoras. E são elas que saem as grandes vitoriosas disso.

De acordo com os ensinamentos budistas, o que precisamos fazer para atingir equilíbrio em nossos relacionamentos (para o alívio de todos) é tomar uma posição humilde, inferior àquela que pensamos possuir. Temos que por os pés no chão. Temos um ditado em tibetano que diz algo como: "quanto mais alto se vai, pior a queda". Acho que há um ditado similar em português (*Quanto maior a altura, maior o tombo*).

O que está implícito é que quando chegamos ao topo, ficamos felizes. Porém, lá o ar é rarefeito e não há muito chão para nos sustentar. As celebridades e os políticos nos mostram o tempo todo que a fama e o poder são instáveis. Podemos ter sido muito queridos e populares na subida, mas os mesmos fãs e pessoas que nos apoiaram acabam nos vendo de forma diferente quando nos misturamos à nata de Hollywood, de Wall Street ou do governo. Essas pessoas podem começar a nos criticar e a tentar nos derrubar. Caso estejamos naturalmente rentes ao chão, nossa base não será tão precária. Nas alturas, o vento sopra com fúria.

Esse ajuste no equilíbrio da influência é uma prática de treinamento da mente. É um treinamento para reduzir o ego inflado e o orgulho. A humildade genuína não diz respeito a negar as boas qualidades e literalmente se jogar de joelhos perante as outras pessoas a nosso redor. Não é necessário se tornar insignificante para ser humilde. Em certo sentido, o treinamento da mente é um truque. Funciona um pouco como um campo de treinamento militar, em que o sargento habilidosamente destrói qualquer orgulho que porventura tivéssemos antes de entrar no exército. Aliás, também é similar ao treinamento de monges noviços nos mosteiros. Enquanto estamos buscando nos livrar do orgulho inflado e de nossa falsa percepção de nós mesmos, nos colocamos numa posição humilde e tentamos olhar os outros com novos olhos, reparando em suas qualidades positivas e vendo-as como maiores do que as nossas. Seguimos até um pouco além: esforçamo-nos para realmente nos importar com os outros. Tentamos sentir por todos os seres humanos o mesmo tipo de apreço que mantemos quase exclusivamente para nós mesmos e, talvez, para nossos filhos.

Embora isso possa de princípio parecer esquisito, os ensinamentos budistas dizem que se formos capazes de assumir uma posição humilde – mantendo-nos modestos e despretensiosos – todas as boas qualidades naturalmente se expandirão e florescerão. E é ensinado que o oposto é igualmente verdade. Caso aumentemos a autoconsideração e o orgulho, será muito difícil desenvolver boas qualidades.

É útil praticar desta forma porque algumas vezes não vemos as boas qualidades nos outros. Perdemos o que eles têm a oferecer. Podemos estar trabalhando perto de alguém que passa seus fins de semana dando aulas particulares para crianças e limpando as ruas da vizinhança, ou que acabou de escrever um romance que se tornará um filme indicado ao Oscar. Porém, talvez nunca os vejamos como algo mais do que o espaço físico que tomam. Podemos encontrar uma pessoa todos os dias e ficar incomodados com o mesmo pensamento: *como é que o Howard ganhou o melhor escritório?*

Algumas pessoas tem um estilo "oculto" natural, intencionalmente (da parte deles) reservados, nunca exibindo as próprias qualidades para os outros. Há muitas histórias deste tipo na tradição budista -- iogues iluminados que são descartados como mendigos inúteis ou idiotas, até que as circunstâncias se desdobram e os fazem revelar suas qualidades extraordinárias de sabedoria e compaixão. E então como ficam chocados e envergonhados seus críticos!

De início, esse tipo de humildade não surge naturalmente: somos tão acostumados a pensar que estamos certos! Sabemos quais shows de TV assistir, o lado certo do debate entre menos carboidrato ou menos gordura, o que está errado com a economia, quem devia ou não ser presidente. Sabemos de tudo isso um pouco mais que nosso cônjuge, nosso vizinho ou a pessoa sentada próxima a nós na festa de nosso amigo. É assim que nos temos como supremos, uma sombra acima de qualquer outro que porventura tenha opinião diferente. Parece tão normal que nem percebemos nossa postura.

É como se cada um de nós fosse o CEO do próprio mundo. Esquecemos que uma vez já tivemos que procurar trabalho ou trabalhar numa posição subalterna. Ou, talvez, é parecido com estrelar o próprio reality show na TV. Somos o centro de todos os dramas e mesmo que os outros desapareçam da casa, sempre há espaço para nós. Agora, no entanto, vamos experimentar trocar de lugar, elevando aqueles por quem passamos sem nem reparar ou sequer se importar em reparar. Oferecemos igualmente nosso próprio assento confortável e próximo da janela tanto a nossos colegas quanto a nossos rivais.

Isto demanda certo período de adaptação. "Acostumar" aqui significa tentar muitas vezes. Só é necessário que seja genuíno. Caso consigamos fazer isso, ainda que por pouco tempo, será suficiente. Não é necessário sustentar o pensamento de apreciar os outros a semana toda ou o mês inteiro. Aliás, é impossível sustentar o mesmo pensamento de forma contínua, pois algo sempre aparece na mente. Durante a aula de história, pode ser que surja um tema de matemática. No trabalho ou num dia chuvoso, pode ser que brote um sonho de dias ensolarados, areia de praia e palmeiras. Tudo que precisamos é seguir tentando: até mesmo um único momento de consideração sincera para com outro ser é preciso. Apenas seguimos acumulando esses momentos.

Quando fizermos este treinamento de restaurar o equilíbrio ou "tomar a posição humilde", vamos ver que estamos convidando as emoções para se erguerem e objetarem. É preciso cuidado com elas. Desejo, apego, agressão, orgulho, inveja e ignorância usarão esta oportunidade para nos tirar do prumo. O que é preciso fazer, tão logo uma dessas emoções se esgueire furtivamente, é tentar acertá-la bem na cabeça. É preciso estourar a bolha da emoção antes que ela estoure a sua.

Algumas vezes perdemos o primeiro lampejo das emoções devido à falta de presença mental, ou talvez apenas por estarmos nos sentindo preguiçosos na hora. Não queremos fazer tanto esforço o tempo todo. Qual o perigo daquela pequenina fagulha de irritação? No entanto, enquanto bebemos nosso café ela já se tornou uma pequena chama. Quando começamos a nos preocupar, já estamos olhando para um incêndio florestal. Todos os residentes da área já estão arrumando as coisas para fugir e salvar as próprias vidas.

Quando as emoções explodem, os antídotos usuais não funcionam. O extintor de incêndio e a mangueira de jardim são inúteis. Num dado ponto, nem mesmo helicópteros largando água sobre o fogo serão suficientes. Aquela irritação que tão inocentemente se transformou em raiva vai se esgotar num dado momento. Irá exaurir a si mesma e rastejar de volta a seu sono inocente. Mas e quando ela acordar de novo, descansada, restaurada e pronta para a ação?

Os padrões emocionais negativos fortemente ancorados em nossa vida são mais resistentes a qualquer tipo de antídoto, seja ele espiritual ou mundano. Tanto as práticas de presença mental quanto as terapias tradicionais terão mais dificuldade de transpassar esse tipo de confusão profundamente enraizada. Portanto, as instruções dizem para que não ignoremos qualquer padrão habitual negativo quando o reconhecermos. Não importa o quão bonita ou indefesa aquela pequena fagulha pareça ser a princípio: tão logo comece, apague-a com presença mental e compaixão.

Uma vez aplicado o antídoto, deixe-o ir. O momento passou. Não se detenha nele. Isto é importante de lembrar porque algumas vezes depois que a emoção acaba podemos ficar presos ao antídoto. Continuamos a aplicá-lo desnecessariamente. Então, uma vez que a emoção desapareça, não há necessidade de perguntar: *Para onde ela foi?* Apenas deixe-a ir e relaxe.

Quando falamos sobre ego inflado e orgulho como obstáculos e sugerimos práticas para nos colocarmos numa posição "inferior", isso pode ser um desafio caso estejamos lidando com questões pessoais como os sentimentos de inferioridade ou baixa autoestima. Quando você está tentando se elevar a uma normalidade saudável, essas práticas de treinamento da mente podem parecer um retrocesso. Tenho apreciado ouvir esta perspectiva de praticantes budistas, iniciantes e experientes, que falam a partir da própria experiência. Novamente, aqui temos diferenças culturais. Na medida em que o budismo viaja para diferentes culturas, há diferenças nas psicologias e costumes que precisam ser identificados e respeitados.

Então, para deixar bem claro, o ponto deste exercício de humildade é entrar em contato com a realidade do que somos. Não diz respeito a se rebaixar. Neste caminho, não há intenção de depreciar ou abalar ninguém, em nenhum momento. Estamos tentando ver claramente como criamos esta persona, este eu-ego chamado por certo nome e conhecido por certos atributos, e como ele se torna inflado ou distante de nosso eu mais genuíno. É um processo destinado a nos ajudar a ver isto e voltar à realidade de quem somos e de onde estamos. Por outro lado, ser humilde aqui significa simplesmente ter um respeito genuíno por outros seres humanos. Significa que podemos viver neste mundo com o mesmo sentido de apreciação e consideração pelos outros que dedicamos a nós mesmos.

Em todos os casos, respeite a própria experiência e adote o que funciona para você. Há muitos métodos, não há necessidade de se ater a algo que não o ajuda. O que quer que se esteja fazendo, é melhor não forçar. Caso um método acabe sendo um gatilho emocional para nós, o melhor é abandoná-lo. Sempre podemos tentar novamente depois de aprender mais a respeito. Ou podemos simplesmente aproveitar a experiência de apreço pelos outros. Apenas focamos neste sentimento e ele, por si só, naturalmente trará benefício, exatamente da mesma forma que restauramos o equilíbrio tomando um assento inferior. Assim, seu mundo inteiro fica elevado.

Contemplação sobre a Igualdade entre Mim e o Outro

Esta contemplação é um apoio ao treinamento em "restaurar o equilíbrio" ou "igualar eu e outro". Ela é descrita aqui como um exercício em grupo, mas pode ser feita individualmente. Caso você esteja trabalhando neste exercício sozinho, quando as instruções disserem "olhe para a pessoa à sua direita ou esquerda", apenas pense numa pessoa conhecida e a tome como foco.

Para Começar (Cinco Minutos)

Sentado numa postura confortável, relaxada e ereta, traga sua atenção suavemente para os movimentos da respiração e permita que corpo e mente gradualmente se assentem. Quando os pensamentos surgirem, apenas os deixe ir e retorne ao momento presente.

A Prática

Uma vez que se sinta assentado e presente, traga a mente para a pessoa à direita. Essa pessoa, embora diferente de você e desconhecida de muitas formas, compartilha de muitas das suas experiências de vida. Todo mundo acorda todos os dias esperando felicidade, desejando circunstâncias afortunadas para si mesmo e para as próprias famílias. Apesar disso, todos nós vivenciamos perda, dor e desapontamento. Todos estamos sujeitos às mesmas esperanças e medos. Que sofrimentos a pessoa à direita já terá encarado na vida? Que perdas sobrepujaram sua alegria? O que ainda vai lhe acontecer?

Agora pense que maravilhoso seria se aquela pessoa pudesse ser verdadeiramente feliz, se pudesse se libertar de todo sofrimento e medo. Faça uma aspiração ou desejo para aquela pessoa em suas próprias palavras, algo como: *Que essa pessoa fique completamente livre de todo sofrimento neste exato momento. Que sua vida seja cheia de felicidade em vez de dor e dificuldade.* Contemple por alguns minutos como você ficaria feliz se este desejo que formulou fosse satisfeito. Agora pense: *A felicidade desta pessoa é, neste momento, mais importante do que a minha própria. Minha felicidade só aumenta quando a felicidade dela aumenta.*

Agora volte sua atenção para a pessoa à esquerda e contemple da mesma forma seus sofrimentos e sua felicidade. (*Numa situação em grupo, é possível continuar e pensar na pessoa à frente, atrás de você etc.*)

Em seguida, traga à mente alguma pessoa que você conheça (*em qualquer lugar do mundo*) e esteja sofrendo. Pense que maravilhoso seria se aquela pessoa pudesse se libertar de toda dor e angústia. Faça uma aspiração por ela, desejando que todo seu sofrimento possa ser liberado e desapareça neste exato momento, sendo substituído por paz e felicidade.

Podemos contemplar o apreço por qualquer um, conhecidos ou não. Podemos pensar em qualquer um que sofra de qualquer forma – de doença física ou mental, dor crônica, pobreza, violência ou infelicidade de qualquer tipo. Também podemos trazer à mente aqueles que estão morrendo ou já morreram e os que ficaram. Podemos mudar o foco daqueles que conhecemos para aqueles que ouvimos a respeito pela TV, ou por outro meio. Assim você praticará se igualar ao outro.

PARA FECHAR (CINCO MINUTOS)

Conclua com alguns minutos de meditação simples sentada. Também é possível separar um tempo para apreciar como todos no grupo, por este curto período, estiveram desejando a felicidade das pessoas a seu redor. Podemos fazer nossa aspiração pessoal e estender nosso cuidado pelos outros um pouco mais a cada dia.

17
Lidando com pessoas difíceis

Caso você não goste de algo, faça com que mude. Caso não seja capaz de fazê-lo, mude sua própria atitude.
— Maya Angelou

Quando estamos prontos para testar nosso progresso em reverter as emoções negativas, não há nada melhor do que trabalhar com pessoas difíceis. Conseguiremos estender nossa bondade para além dos limites usuais? Conseguiremos vencer nossos medos? Podemos pensar: *Azar que existam torpedos, para frente a toda velocidade!* Até que nos deparamos com a primeira pessoa capaz de nos ajudar a responder a questão. Com sorte, este é o momento de usar todo nosso treinamento de emergência e ver o que acontece quando nos disponibilizamos e tentamos nos conectar.

Que ótimo seria se pudéssemos dar só uma mãozinha para todas as pessoas legais que estão por aí – aquelas fáceis de lidar, sempre agradáveis e graciosas. Porém, essas parecem ter filas de pessoas dispostas a ajudá-las. Não há necessidade de nos unirmos a essa multidão. Quem realmente precisa de nossa ajuda são aquelas pessoas que não têm ninguém para chamar: o tipo de pessoa de quem ninguém quer chegar perto; difíceis de aguentar, que causam muitos problemas. O que podemos fazer por estas pessoas é, no mínimo, gerar compaixão em vez de animosidade. Se sentirmos que é possível fazer mais, e se realmente queremos nos disponibilizar para ajudar alguém, são as pessoas de perfil difícil as que mais precisam.

Caso limitemos nossas atividades compassivas a pessoas fáceis, atraentes e divertidas, então não importa o que façamos, talvez não seja necessariamente compaixão genuína. Há certo aspecto autocentrado no que estamos fazendo. Uma grande parte de nosso compromisso de ajudar não estará atado a querer passar bons momentos? Só tocamos o verdadeiro coração da compaixão quando nos engajamos com alguém que está sofrendo por carregar tanta agressão, tanta negatividade, tanta emoção; que não consegue evitar problemas e afasta as pessoas. Caso sejamos capazes de abordar uma pessoa assim e lhe dar algum tipo de ajuda, talvez seja o caso de a compaixão verdadeira estar operando. Este é um dos ensinamentos do Buda sobre o coração nobre e corajoso da compaixão. É desafiador, mas dá para tentar e ver o que acontece. A parte boa é que este ensinamento não diz que precisamos nos prender a essa pessoa para sempre. O ponto é fazer nosso coração de bondade e amor por todos crescer. Isto inclui as pessoas difíceis. Mas não quer dizer que precisamos lidar com elas o tempo todo.

No início, é impossível para a maioria de nós transformar as emoções perturbadoras imediatamente e apenas com a presença mental. Percebemos que estamos cheios de pensamentos e sentimentos raivosos e nos dizemos: *Acredito em ser positivo, então apenas supere isso!* Duvidoso. Outro enfoque é primeiro "transformar pela conduta". "Conduta" significa "ações", e aqui estamos falando sobre o que fazemos com nosso corpo e fala, que são expressões de nossas emoções e intenções. Precisamos trabalhar e observar ambas as coisas. Trabalhar com a conduta é um enfoque mais viável porque é algo imediato e concreto. Não se precisa adivinhar: *Será que eu acabei de empurrar o Sam para tirar ele da minha frente? Ou será que era só um abraço de urso?* Você sabe bem a diferença.

A consciência das ações é também uma chave para ver como podemos fazer amizade com pessoas difíceis e as ajudar – inclusive aquelas que só são difíceis conosco. Isto também pode acontecer. Encontramos o amigo de um amigo e imediatamente sentimos certa desconfiança ou prudência em vez de interesse e abertura. Porém, não importa nossos hábitos, eles certamente se mostram com vigor quando estamos em uma situação intensificada. Trabalhar com consciência da própria linguagem corporal e da fala nos ajuda a exercer algum controle sobre nossos pensamentos e emoções, que são os equivalentes mentais de caminhar e falar.

Trabalhando de fora para dentro

Caso tenhamos o forte hábito de reagir com raiva quando criticados, por exemplo, vai ser preciso apenas um pouco de presença mental para perceber quando você está agindo equivocadamente de maneira óbvia.

Começamos por direcionar atenção para nós mesmos, e não na direção do crítico. Olhamos para nossas próprias ações, nossa própria conduta, em vez das ações e palavras de qualquer outra pessoa. Não precisamos nem mesmo pensar sobre a emoção neste momento. Só precisamos ter clareza quanto a nossas próprias ações no presente.

Caso sintamos que estamos prestes a entrar em confronto com alguém, ou talvez prestes a começar outra conversa dolorosa, paramos por um momento (respiramos) e olhamos para a conduta. O que estamos fazendo com o corpo? Onde ele está? Como ele está? Estamos nos esquivando da pessoa? Onde estão nossas mãos? Para onde estamos direcionando o nosso olhar? Gestos físicos são fortes comunicadores de sentimentos e intenções; portanto, estejamos cientes disso. Diga a si mesmo para abandonar qualquer comportamento que sinalize hostilidade ou ameaça. Paramos de apontar dedos ou apertar os punhos. Relaxamos os olhos, corrigimos a postura, estejamos sentados ou em pé. Essas são coisas que se pode controlar assim que percebidas. Podemos até adicionar um sorriso.

Da mesma forma, olhamos para a fala. Será que estamos usando uma linguagem ríspida? Estaremos falando alto demais? Rápido ou devagar? Novamente, estejamos cientes de quaisquer sinais verbais que porventura estejamos enviando (rindo, se lamentando) além das próprias palavras. Abandonamos quaisquer expressões verbais que nos aticem ou enervem a pessoa com quem estamos falando. Abaixar conscientemente o volume da voz e evitar falar de forma incendiária são duas coisas que podemos fazer quando conseguimos trazer presença mental às ações.

Neste momento estamos trabalhando de fora para dentro. Cada mudança positiva externa que fizermos ajudará a acalmar nossas perturbações internas. Pode ser útil lembrar disto: quando se está com tanta raiva ou ciúmes que as mãos chegam a tremer, que o corpo chega a estar contorcido e a voz virou um sussurro ou um grito, isso não é óbvio só para nós mesmos – todo mundo percebe.

Antes de começar

Quando sabemos que vamos trabalhar com uma pessoa difícil, antes de mergulharmos neste convívio podemos nos preparar, trazendo à mente como uma existência desse tipo é desafortunada e imaginando o quanto viver assim deve ser doloroso. Quando começarmos a sentir simpatia e abertura, podemos dar o próximo passo. Vamos nos aproximando. Passamos algum tempo com a pessoa e vemos o que acontece – vemos se há alguma possibilidade de interação positiva. Caso as coisas estejam bem por um tempo, mas então piorem, o melhor é recuar. Caso nos descubramos perdendo a paciência ou a empatia e vejamos o benefício de nossos esforços sendo atirados pela janela, damos um tempo. É melhor do que se prender a uma situação conflituosa que causará mais danos. Sempre podemos tentar de novo mais adiante.

A dor de fazer um esforço deste tipo não é tão ruim quanto imaginamos – é como ir ao dentista. Sentar na cadeira com a luz brilhando no rosto e com objetos pontiagudos fincando cada canto da sua boca não é agradável, mas a antecipação é pior (pelo menos para mim). Ficar a semana inteira pensando na consulta é mais torturante do que estar lá de fato. Sempre me sinto tentado a cancelar. Mas quando consigo ir, não é tão ruim. E os dentistas geralmente são pessoas bem legais.

Quando pensamos nas pessoas difíceis, geralmente achamos que são os outros, mas talvez nós mesmos nos encaixemos nessa categoria ao menos ocasionalmente. Logo, essas recomendações todas para trabalhar com "aquelas pessoas" também se aplicam a nós. Todos temos nossos momentos. Certamente já fomos chamados de "difíceis" (ou de algo pior) por alguém em algum momento. Temos apenas a sorte de não saber quem foi ou quantas vezes isso ocorreu.

Sofrimento intenso

Outro grupo de pessoas difíceis são aquelas que padecem de "sofrimento intenso". Essas pessoas são difíceis por outras razões. Seu sofrimento é tão enorme que a dificuldade está em encará-lo. Muitas vezes, e isso é trágico, essas pessoas não fizeram nada errado. Há muitos exemplos no mundo todo – doenças físicas e mentais debilitantes, perda e dano devido a abuso, exploração, violência, guerra, pobreza e desastres naturais.

Caso tenhamos a oportunidade de ajudar uma única pessoa com esse tipo de dor, isso trará um grande benefício. Se pudermos fazer mais do que isso, que maravilha! Se não pudermos ajudar diretamente, talvez possamos agir de maneira indireta ao colaborar com aqueles que estão lidando com a situação, oferecendo comida, remédios e consolo. Os Médicos Sem Fronteiras e outras organizações parecidas vão onde for necessário para tratar grandes sofrimentos e grandes necessidades com poucos recursos. Esses são nossos santos ou bodisatvas modernos. Caso não possamos ir a esses lugares, podemos oferecer doações monetárias ou usar as redes sociais para atrair atenção sobre o trabalho em áreas com necessidades críticas. Essas ações também inspiram outros a ajudar. Há muitas formas de auxiliarmos direta ou indiretamente; temos apenas que descobrir as oportunidades que fazem sentido em nossa vida. Quando nos engajamos em atividades compassivas, não devemos julgar. Deixemos isso de lado. Apenas ajudemos.

Os muito, muito ruins

Se já é difícil trabalhar com as próprias emoções, com as pessoas "difíceis" é um desafio ainda maior. Mas o que fazer quando estamos falando de indivíduos cujas ações nos são inconcebíveis? Como pensar sobre aqueles que intencionalmente infligem grande sofrimento sobre os outros – os assassinos, os abusadores de crianças e os terroristas? Queremos a sua punição e que eles compreendam e sintam a dor que causaram. Queremos que a sociedade seja segura e desejamos justiça.

Como essa conversa sobre compaixão se relaciona com essa situação? Seria uma exceção? Seria esperado de nós que tratássemos as pessoas responsáveis por cometer verdadeiras atrocidades da mesma forma que tratamos aqueles com os quais nos importamos, aqueles que amamos e que são realmente boas pessoas? Como seria possível? Deveríamos fazê-lo?

Podemos olhar para a situação de várias formas. Num sentido comum, relativo, podemos encarar tais pessoas como sendo totalmente ignorantes. Por algum motivo, sua consciência natural está deludida. Suas mentes são escuras, cegas pela ignorância. Infelizmente, estão dissociadas de sua compaixão e sabedoria inerentes. Pessoas assim nem sempre percebem a magnitude da dor e do sofrimento que causaram ao mundo. Embora saibam separar o certo do errado no sentido jurídico, espiritualmente (ou humanamente) são surdas e insensíveis ao sofrimento que planejam e executam.

Para nós é impensável nos imaginar sendo como eles. Mas essas pessoas não só são culpadas, também são universalmente condenadas e injuriadas, e isto pode nos levar a sentir uma fagulha de compaixão. Podemos fazer mais do que isto e sentir o que elas não conseguem: compaixão imparcial pelo estado trágico em que se encontram. Essa resposta não é algo automático. Não podemos simplesmente educar a mente e dizer: "Sim, eu amo e perdoo essa pessoa má". É verdadeiramente difícil e até mesmo assustador nos aproximarmos desse tipo de escuridão. Ainda assim, essas pessoas precisam receber amor de algum lugar, se é que há alguma esperança para elas. Todos que forem capazes devem rezar por elas.

De um ponto de vista mais definitivo, podemos lembrar que a natureza da mente de todos os seres sencientes é fundamentalmente pura e desperta. Mesmo as piores pessoas, as mais deludidas, possuem algumas qualidades positivas, alguma fagulha de bondade e da mente desperta. Podemos não reconhecer essa fagulha devido à ignorância predominante, mas temos que ser justos e aceitar que é assim. Temos que dizer: "Ok, talvez haja alguma chance."

Quando ouvimos protestos por justiça, é duvidoso que as punições normais sejam capazes de atingir esse resultado. O que queremos é que o crime seja desfeito e a vida seja restaurada ao que era. Mas isso não é possível, e também não podemos eliminar a dor. Porém, talvez possamos ir além da noção tradicional de punição – de prender as pessoas atrás de grades onde não há nada significativo para fazerem. Acredito que sustentamos a ideia de "justiça" como uma força para o bem, mas também ficamos presos à ideia de "punição". Caso as combinemos de uma forma um pouco diferente, com a intenção de compreender e respeitar as necessidades de todos envolvidos, talvez possamos atingir um maior grau de equilíbrio no sistema. Podemos dizer que a punição verdadeira para uma pessoa desse tipo seria a sua inserção em um ambiente onde sejam cultivadas as qualidades de amor e bondade, e onde lhes fornecessem meios para a prática destas qualidades. Caso lhes fosse dada escolha, eles provavelmente seriam atraídos por um ambiente mais agressivo e negativo porque talvez apreciem toda aquela luta e confusão.

A verdadeira "unidade de correção" seria um meio de transformar o comportamento pela educação e pelo tempo passado em atividades positivas num ambiente sadio. Caso isso ajude pessoas cruéis e insensíveis a acordar e reconhecer o sofrimento e o dano que causaram, e a vir a sentir arrependimento genuíno, assim talvez alcançássemos a verdadeira justiça – através do retorno para a bondade, algo pelo que ter esperança.

Paciência

Há muitos tipos de paciência e de ideias equivocadas a respeito dessa qualidade. Ela é considerada uma virtude, mas também uma forma entediante de ser bonzinho. Como já dissemos, praticar paciência não significa apenas ser passivo. Significa bravamente (ou "virtuosamente") assumir uma atitude de "espera que passa". Quando estamos lidando com as emoções, a essência da paciência é permanecer com o que sentimos sem reagir. Fazemos isso sempre e a cada vez que a emoção retorna temos a ânsia de reagir imediatamente. Quando estamos na posição de lidar com pessoas difíceis, ou aqueles que nos oferecem desafios particulares, a paciência pode nos ensinar muito, e praticá-la pode até transformar nossa experiência.

O primeiro tipo de paciência que aprendemos a praticar nessa situação é "não dar tanta bola" ao dano ou negatividade que nos é dirigido por alguém com quem estamos tentando lidar. Talvez o chefe peça para trabalharmos com Pedro na conclusão de um projeto dentro do prazo. Sabemos que ninguém mais na empresa quer essa tarefa, todos estão muito ocupados. Pedro é inteligente, articulado, talentoso e também um perfeccionista desconfiado, que protege seu trabalho de qualquer um que pense diferente. É preciso seguir as suas orientações e não se prender a nenhum tipo de equívoco ou confusão. Hahaha. Isso é improvável porque nosso pensamento racional não fala a língua das emoções de Pedro. Essa é a hora de praticar a paciência do "não dar bola", não só para conseguir chegar ao fim da experiência, mas também para romper com o padrão inevitável de sofrimento e dor. Você pode ajudar a si mesmo (e ao Pedro).

Então, quando Pedro começar a criticar ou diminuir nosso trabalho (como é esperado), a resposta sábia é a paciência: ficar na sua, permitir espaço. Caso Pedro tenha achado um erro verdadeiro, ou mesmo que esteja inventando coisas, sabemos que a sua intenção é atacar pessoalmente quando ameaçado e menosprezar os colegas profissionalmente. Ser paciente não é fácil. Independentemente de haver um erro real ou não, espere para responder. Não tente revidar criticando e tentando diminuir o seu colega da mesma forma que ele faz. Não é nem mesmo preciso negar ou corrigir as acusações. O ponto principal aqui é praticar paciência quando a acusação vem em nossa direção, quando as palavras de um amigo, inimigo ou pessoa estranha nos dão um tapa na cara. Ficamos um instante parados. Um único instante e podemos mudar o resultado todo. Esse momento abre espaço para que algo mais ocorra.

Como sabemos, em nossa vida cotidiana geralmente não respondemos bem quando somos criticados ou acusados de algo, especialmente se de forma injusta. Podemos começar a nos defender antes mesmo da outra pessoa terminar de listar as reclamações. Dirigindo em Seattle recentemente, tive uma experiência engraçada. Estava esperando um sinal abrir. Era um dia frio, e minhas janelas estavam fechadas, mas reparei em um casal no carro ao lado. Não conseguia ouvir nada, mas eles estavam bem animados e pareciam estar se divertindo, ouvindo alguma música alta. No sinal seguinte eles ainda estavam cantando. Então abaixei minha janela e, em vez de música, descobri que eles na verdade estavam gritando um com o outro. Os dois gritavam ao mesmo tempo. Fiquei tão surpreso que pensei: *De que adianta isso? Quem é que está ouvindo? Ninguém.* Estavam sozinhos no carro. Um não parecia estar nem um pouco interessado no que o outro dizia. O sinal abriu e nossos carros seguiram seus caminhos.

Quando falamos junto com outra pessoa e a afogamos com respostas imediatas ou mesmo falando rápido demais, ninguém ouve nada. Não há espaço, não há vão. A finalidade de falar com o outro geralmente é se comunicar. Falamos e ouvimos para esclarecer o que queremos dizer; para dizermos o que sentimos e nos entendermos uns com os outros. Não faz sentido conversar para ampliar a confusão ou por gostar de ferir os sentimentos alheios. Estamos esperando um resultado positivo. Na verdade, porém, algumas vezes falar piora as coisas. Uma boa lição a aprender é que não precisamos dizer nada imediatamente, especialmente em situações sensíveis. Acho que nosso advogado nos daria o mesmo conselho! Dê um tempo, respire algumas vezes e relaxe.

Reduzindo a atitude defensiva

Quando alguém nos critica (de forma merecida ou não) e aponta nossos defeitos, queremos retrucar com algum argumento. "Sim, mas..." ou "Não, você não entende!" Mesmo quando percebemos que cometemos o erro queremos nos defender.

Em conjunto com o desenvolvimento da paciência, precisamos reduzir nossas defesas. Ao aumentarmos uma qualidade que ajuda, diminuímos outra que nunca faz o mesmo. À medida que nos prendemos a uma atitude defensiva, encontramos problemas em nos afinar com os outros ou viver harmoniosamente em qualquer lugar onde percebamos existir diferenças.

Essa mente defensiva é um estado de delusão porque bloqueia nossa "visão pura". No modo defensivo, nosso estado mental é menos claro, menos preciso, e temos menos probabilidade de reconhecer as qualidades dos outros. Ao mesmo tempo, nossa intenção de beneficiá-los é bloqueada. Não é exatamente o resultado almejado.

Então, continuamos treinando em presença mental. Pensamos nos outros, inclusive nas pessoas difíceis, e agimos com compaixão. E tentamos ser pacientes mesmo ao nos tornarmos alvo de fala rude e de acusações. Gradualmente nossa tendência defensiva se afrouxa e enfim se dissolve. Assim nos soltamos e ficamos mais leves.

É melhor começar esta prática com algo pequeno. Por um tempo isso é suficiente. Não tente começar com algo grande, como um divórcio ou a resolução de uma situação com a Receita Federal. Podemos continuar a confiar em nosso advogado com relação a esses assuntos! Algo pequeno é discutir com a pessoa querida, ainda que um tanto conturbada, com quem você divide o apartamento. Ela insiste que a sua cópia do *Homem Invisível* (vista pela última vez na mesa da cozinha) é dela. *Ela se lembra de ter emprestado para você*. Por mais que saiba que a cópia dela foi emprestada para outra pessoa, você já leu esse livro e o comprou usado, então... ela pode ficar com ele. Não é preciso dizer nada. Outro exemplo é quando alguém esbarra em você e diz "cuidado para onde vai!", acrescentando um palavrão ao final. Tudo bem com isso. O dia desse cara ficou um pouco pior, não o seu.

Reforço que isto é o treinamento da mente. Aprendemos com ele e então seguimos em frente com a sabedoria que obtivemos. Na medida em que nos mantemos na prática, todos os relacionamentos ficam mais fáceis.

MAIS PACIENTE, MENOS DEFENSIVO

(Exercícios para duas pessoas, falante e ouvinte.)

Estes exercícios servem para ajudar a aumentar sua capacidade de tolerar situações emocionais intensas enquanto mantém presença mental e um sentido de empatia. Como nos exercícios anteriores de "falante e ouvinte", trabalhamos com um parceiro, trocando de papéis. Ajuda de início afirmar que a intenção dos dois participantes é beneficiar e dar apoio ao colega. Também não há problema em pausar ou parar o exercício a qualquer momento, caso algum dos dois se sinta desconfortável.

Para começar, sentem-se silenciosamente, encarando o parceiro por dois minutos. Mais tarde cada um terá a chance de agir como ouvinte ou falante por um período de dois minutos. Após cada período destes, os dois compartilham as experiências um com o outro por cinco minutos.

O Falante

O trabalho do falante é dirigir vários comentários negativos, acusadores e julgadores para o ouvinte. A intenção não é de fato criticar ou corrigir o comportamento ou a personalidade alheia, mas dar a ele a oportunidade de vivenciar, com presença mental, como é ser julgado – especialmente de forma injusta. É bom ser direto (evitando gritar ou fazer críticas muito duras), mas não há problema em dizer algo como: "Você é ruim nisso... você sempre acaba fazendo aquilo..." Esta é uma oportunidade para vivenciarmos, com presença mental, como é falar duramente e sem gentileza com alguém que está sentado bem à nossa frente.

- Por um minuto, direcione uma série de comentários críticos, acusadores ou julgadores ao parceiro. Mantenha-se conectado visualmente com ele.

- Repare que emoções surgem para você enquanto fala. Como se sente ao falar essas coisas? Ao mesmo tempo, olhe para o parceiro. Como sente que os comentários o estão afetando?

- Pelo próximo minuto, mantenha-se em sua posição de falante, mas fique em silêncio. Repare como você se sente fisicamente e que emoções está sentindo depois de falar.

O Ouvinte

- Ao ouvir a lista de imperfeições e defeitos, simplesmente tente permanecer presente em seu corpo e para as emoções que surgem. Manter uma consciência visual do falante pode ajudá-lo a permanecer presente.

- Observe a mente enquanto o falante se expressa, mas não reaja, não retruque e não negue ou tente corrigir quaisquer das acusações.

- No momento de silêncio subsequente, repare como você se sente – reconheça as emoções que surgem.

Falante e Ouvinte

- Separem cinco minutos depois do exercício para compartilhar as experiências. Encorajem um ao outro para falar, façam perguntas e terminem com um comentário positivo.
- Sentem em silêncio juntos por mais um ou dois minutos.

(Aqui o falante e ouvinte trocam de papéis e repetem o exercício.)

Variações

Repita o exercício com estas mudanças:

- Numa variação, depois dos comentários negativos do falante, o ouvinte responde com uma observação positiva sobre o falante, seguida por um momento de silêncio com presença mental.
- Em outra variação, os comentários feitos pelo falante são todos positivos e construtivos sobre as boas qualidades do ouvinte.
- Caso você não tenha um parceiro com quem trabalhar, pode fazer este exercício sozinho com um espelho. Neste caso, você é o falante e ouvinte simultaneamente, percebendo todas as emoções desencadeadas por você enquanto as palavras são faladas e ouvidas. Em vez de compartilhar as experiências com um parceiro, pode-se escrever por cinco ou dez minutos no diário.

18
Uma visão de paz

Nunca haverá paz entre as nações até que a paz que mora nas almas dos homens seja conhecida.
— Black Elk

Nos dias de hoje, parece que a maioria dos budistas ocidentais é progressista, tanto política quanto socialmente. Ao mesmo tempo, há certamente lugares no mundo em que os budistas mantêm visões tradicionais e conservadoras. A maioria, contudo, é progressista, característica que podemos atribuir ao próprio Buda. Milhares de anos atrás, o Buda rompeu com muitos valores culturais e praticou formas de igualdade de direitos desconhecidas em seu tempo. A tradição do Buda, com sua ênfase na não violência, igualdade e tolerância, continua hoje com os professores budistas.

Como muitas das pessoas hoje em dia, os budistas têm uma visão de paz mundial: um mundo livre de guerra e agressão. Mas mesmo que estejamos erguendo bandeiras contra armas nucleares (e outras) pelas ruas ou fazendo-o simbolicamente em nossas palestras, blogues e tweets, ainda não nos desarmamos completamente. Ainda não deixamos nossa agressão de lado.

Muito frequentemente fazemos o oposto de nosso discurso. No microcosmo de nosso mundo, mantemos guerras privadas uns com os outros. Com que frequência respondemos a outras pessoas com raiva, impaciência e na defensiva? Quando nosso cônjuge nos culpa por algo, tentamos descobrir outra coisa de que possamos culpá-lo. E as coisas seguem assim, como se nada disso contasse como violência e perturbação fundamental da paz.

Os princípios básicos de paz, harmonia e não violência, no que diz respeito a nossas formas individuais de lidar uns com os outros, podem estar todos indo pelo ralo. Caso ajamos desta forma, a visão nobre e a prática efetivamente se tornaram duas coisas diferentes. Podemos ter uma visão elevada, mas a prática muitas vezes não está alinhada com ela.

No que concerne às visões de partidos políticos, os progressistas acusam os conservadores (e vice-versa) de visões erradas, incoerência e volatilidade. É fácil dizer-se o detentor da ética, mas são nossas ações que revelam o que está em nossos corações e mentes. Quando a retórica da animosidade, da fala rude e da culpa são louvadas por todos os lados – e a intenção por trás dessa retórica é claramente prejudicar o outro – não há ética nenhuma. Não há visão que eleve, beneficie ou proteja ninguém.

De todas as formas que pudermos, é importante que pensemos sobre a paz e o que ela realmente significa para nós. Conseguimos nos ver estabelecendo uma visão diplomática perfeita em nossos relacionamentos domésticos? Conseguimos trazer nossa mais idealista visão de paz mundial para a própria vida?

Já que a maioria não governa realmente o mundo, como podemos mudá-lo? Cada um de nós o faz praticando paz, paciência e compaixão em casa. Ou onde quer que esteja o coração.

"logue" urbano

Na solidão
Da selva dos arranha-céus
Luzes de neon brilham
Como o reflexo da lua n'água

O tráfego flui
Como um belo rio
E a TV ecoa
Como o som de pensamentos numa caverna

A mente é ainda a mesma
Como séculos atrás
Sempre com uma escolha
Devanear sobre grandes oportunidades
Ou apreciar a beleza momentânea

Então
Escolho ficar bem aqui – agora
Dentro de todas as experiências
Sem solidificar ou rejeitar
Esta é apenas uma história contada pelo pensamento deste errante
D.P.R. | 10/07/08 |

"Sonho Aberto" por Dzogchen Ponlop Rinpoche

O selo eu**reciclo** faz a compensação ambiental das embalagens usadas pela Editora Lúcida Letra.

Que muitos seres sejam beneficiados.

Impresso em dezembro de 2023, na gráfica Vozes, utilizando-se as fontes NCT Granite e Bunday Sans sobre papel avena 80g/m²

Para maiores informações sobre lançamentos do selo Lúcida Letra, cadastre-se em www.lucidaletra.com.br